# WYKRZYCZEĆ PRAWDĘ

## WSPOMNIENIA Z CZASU HOLOCAUSTU

### MANNY STEINBERG

## SPIS TREŚCI

| | |
|---|---|
| PRZEDMOWA | 1 |
| SŁOŃCE | 3 |
| CIENIE | 27 |
| MROK | 61 |
| ŚWIATŁO | 128 |
| POSŁOWIE | 148 |
| ZDJĘCIA | 151 |
| OD AUTORA | 159 |

Wydawnictwo Amsterdam Publishers, Niderlandy

info@amsterdampublishers.com

ISBN 9789493231634 (ebook)

ISBN 9789493231603 (wersja papierowa)

ASIN audio B01415OFUI

Tytuł oryginalny: *Outcry - Holocaust Memoirs (Amsterdam Publishers, 2014)*

Tłumaczenie i redakcja: Anna Michalska

Korekta: Małgorzata Doniec

Na okładce zdjęcie Manny'ego, Chaima, Jacoba i Stanleya Steinbergów w getcie.

Copyright © Manny Steinberg

All rights reserved. Fragmenty książki nie mogą być reprodukowane w żaden graficzny, elektroniczny albo mechaniczny sposób; nie mogą być kopiowane, nagrywane ani przechowywane bez pisemnej zgody wydawcy, z wyjątkiem krótkich cytatów w artykułach prasowych albo recenzjach.

Francja: Souvenirs d'un survivant de la Shoah, ISBN 9789492371201 (wersja papierowa), 9789492371232 (ebook)

Czechy: V pekle mezi ostnatými dráty, ISBN 9788074331726 (wersja w twardej oprawie)

Niemcy: Aufschrei gegen das Vergessen. Erinnerungen an den Holocaust, ISBN 9789492371263 (wersja papierowa), 9789492371270 (ebook)

Włochy: Il Grido di Protesta: Memorie dell'Olocausto, ISBN 9789492371966, (wersja papierowa) ISBN 9789492371171 (ebook)

Chiny: ASIN B01IIEKKRE

*Książkę dedykuję*

mojej żonie Wilhelminie (którą bardzo kocham),
mojej córce Anicie Helaine,
mojemu synowi Gary'emu Brucowi,
mojej córce Julie Ann,
mojemu wnukowi Paulowi,
mojej wnuczce Janet,
mojemu prawnukowi Joey'owi,
mojemu prawnukowi Frankiemu,
mojej prawnuczce Lexi,
mojemu prawnukowi Benjaminowi.

*Chciałbym też wspomnieć mojego brata, Stanleya Steinberga, i mojego ojca, Chaima Steinberga, za ich miłość i siłę oraz moją siostrę, Mary Sue, za jej oddanie i piękną duszę.*

# PRZEDMOWA

Pisząc tę książkę, uwolniłem się z kajdan, które więziły mnie, odkąd zostałem wyzwolony z obozów koncentracyjnych w Europie. W końcu moje ciało, umysł i dusza są całkowicie wolne.

W tych późniejszych latach mojego życia mam nadzieję, że *Wykrzyczeć Holocaust. Wspomnienia* pomoże oddać hołd i upamiętnić miliony ludzi, którzy stracili życie w gettach, obozach pracy i obozach koncentracyjnych w Europie. To ważne, żeby nikt z nas o nich nie zapomniał.

Podzielenie się moją historią pomogło mi popatrzeć na swoje życie z dystansu. Miałem możliwość przyjechać do Stanów i służyć mojej nowej ojczyźnie na wojnie w Korei, podczas której poznałem moją żonę. Razem mamy troje dzieci, dwoje wnucząt i czworo prawnucząt. Koniec końców to ja wygrałem. **Manny Steinberg**

Poniższe strony opisują moje prawdziwe doświadczenia i wspomnienia, ale imiona pojawiające się w tekście zostały zmienione.

# SŁOŃCE

Dzisiaj, 31 maja, są moje urodziny. Urodziłem się w 1925 roku w Radomiu. Kiedy patrzę na swoją kochaną żonę i dzieci, które ze mną świętują, moje myśli zaczynają błądzić. Jak moje życie zmieniło się od tych sześciu niekończących się lat, kiedy to ocierałem się o śmierć w obozach koncentracyjnych, które były moim domem od trzynastego do dziewiętnastego roku życia.

Od 1939 roku próbowałem przetrwać nazistowski terror w radomskim getcie. Tylko dzięki litości Boga i dzięki mojemu bratu, Stanleyowi, wciąż żyję i mogę dzisiaj opowiedzieć swoją historię.

Prezenty zostały otwarte, tort pokrojony, życzenia złożone. Moje dzieci, Anita, Gary i Julie, zbierają się do łóżka. Niechętnie daję im buzi na dobranoc, bo wiem, że za parę chwil nastąpi ponura cisza, która znowu pozwoli wspomnieniom wypłynąć na wierzch i mnie nękać. Siedzę przy stole, wśród blasku księżyca i cieni na ścianie, a moje myśli wracają do dzieciństwa i rodziny...

---

Jestem najstarszym z trzech braci. Stanley urodził się w 1927, a nasz młodszy brat, Jacob, w 1934. Nasza matka zmarła przy porodzie Jacoba. Jeszcze pamiętam ten żal w naszym domu i to, jak próbowałem pocieszyć Stanleya, samemu sobie nie pozwalając na smutek. Powiedziałem sobie, że będę silny.

Dobrze pamiętam, że niezwykłość narodzin była dla mnie raczej oczywista. Byłem zbyt młody, żeby ją zrozumieć, ale było to coś, nad czym się dużo zastanawiałem.

Pewnej nocy, kiedy miałem już spać, usłyszałem rozmowę moich rodziców.

— Jak nazwiesz dziecko? No, powiedz mi, Chaim — moja matka droczyła się z ojcem. Pomyślałem sobie: dziecko?! Byłem podekscytowany na myśl, że będziemy mieli brata albo siostrę. Chciałem mieć kogoś, z kim będzie można kiedyś usiąść przy stole, podzielić się jedzeniem, pobawić się i kogo będzie można kochać.

Nasi sąsiedzi mieli córeczkę i przez długi czas im zazdrościłem. Sam chciałem mieć siostrę. Może teraz moje życzenie się spełni? Chciałem wstać z łóżka i porozmawiać o tym wielkim wydarzeniu, ale wiedziałem, że Papa zbeształby mnie, że nie śpię i nie będę wyspany do szkoły.

Zdecydowałem się zapytać ojca o dziecko rankiem i zasnąłem, myśląc o mojej młodszej siostrzyczce.

Następnego dnia wyznałem rodzicom, że podsłuchałem ich rozmowę i że usłyszałem o dziecku. Papa był wyrozumiały i z dumnym uśmiechem powiedział, że zdecydowali się na imię.

— Widzisz, Mendel — wyjaśnił — żydowską tradycją jest nazwanie dziecka po zmarłym członku rodziny. W ten sposób czcimy i uwieczniamy imię.

— Czy to już niedługo? — zapytałem.

— Tak, już za niedługo będziemy mieć nowe dziecko.

Ruszyłem do szkoły z ogromną radością i niecierpliwością.

Nasze mieszkanie składało się z jednego dużego pokoju, w którym zwykle przebywaliśmy i jedliśmy, i w którym nasz ojciec dodatkowo zajmował się krawiectwem. Przylegała do niego sypialnia i mała kuchnia. Wszyscy spaliśmy w jednym pokoju i dobrze pamiętam dwa duże łóżka po przeciwnych stronach sypialni.

Wyraźnie przypominam sobie noc, kiedy urodził się Jacob. Odrobiłem lekcje, wypiłem ciepłe mleko i poszedłem do łóżka.

Spałem tylko godzinę albo dwie, kiedy obudziło mnie poruszenie w pokoju. Ktoś zawiesił na ścianach koc, dzieląc pokój na pół. Nie mogłem zobaczyć łóżka rodziców.

Zdezorientowany i trochę wystraszony zostałem w łóżku i słuchałem, jak matka jęczała z bólu. Po kilku minutach, które wydawały się godzinami, wstałem i zajrzałem przez szparę w kocu. Zauważyłem grupę kobiet: moją babkę, ciotkę, kuzynki i kilka sąsiadek. Wiedziałem, że działo się coś ważnego.

Nagle jęki zmieniły się w krzyki. Co się działo? Czy mam iść do mamy? Czy mnie potrzebowała? Byłem zbyt przerażony, żeby się ruszyć. Zerknąłem na Stanleya. Siedział w kącie pokoju, mocno obejmując koc. Usiadłem obok niego i położyłem mu rękę na ramieniu.

— Już dobrze, Stanley, jestem przy tobie.

Siedzieliśmy cicho, patrząc, jak okno paruje od ciepła w pokoju. Minęło kilka kolejnych godzin, a potem cisza.

Niespodziewanie nasza sąsiadka, pani Guttman, krzyknęła o więcej ciepłej wody.

— Trzymaj jej stopy i przynieś coś, żeby wytrzeć jej czoło — warknęła. — Podobno jesteś jej ulubioną kuzynką, Rachel, więc pomóż!

— Ile to jeszcze będzie trwało? — błagała Rachel.

— Jeszcze chyba tylko kilka minut. To chłopczyk. Jak krzyczy! Musi mieć dobre płuca.

Słyszałem, jak babcia powiedziała *mazel tov*, co w jidysz znaczy „powodzenia", i dodała:

— Niech będzie błogosławione dziecko w domu Izraela.

Był już środek nocy, kiedy z powrotem wspiąłem się do łóżka. Myślałem o cierpieniach, przez które przeszła moja mama, tej dziwnej ciszy i pierwszych krzykach noworodka. Zastanawiałem się nad życiem, naszą rodziną i moim ojcem.

— Idź spać, rano zobaczymy Papę, Mamę i nowego braciszka — wyszeptałem do Stanleya.

Obudziłem się wśród nieznanej ciszy. *Coś musi być nie tak*, pomyślałem. Koc, który dzielił pokój na pół, był ściągnięty, ale łóżko matki było puste. Moje szczęście zmieniło się w strach. Gdzie moja Mama, mój Papa i nowe dziecko? Szybko wyszedłem z pokoju, ale zastałem tylko opiekującą się nami sąsiadkę.

— Gdzie jest Mama? — krzyknąłem.

Kobieta była miła i próbowała mnie pocieszyć. Trzymała mnie za rękę i powiedziała mi, że matka zachorowała po porodzie i musiała iść do szpitala. Zapewniła mnie, że wróci do domu za dwa albo trzy dni, że dobry ze mnie chłopak i że za niedługo nasza rodzina znowu będzie razem. Wytłumaczyła mi, że dziecko zostanie z moją babcią przez kilka dni, dopóki mamie się nie polepszy i nie będzie mogła wrócić do domu.

— Kiedy przyjdziesz dzisiaj ze szkoły, ojciec będzie już na ciebie czekał — powiedziała.

Uspokojony i szczęśliwy, poszedłem do szkoły bez trosk. Trudno było mi się skoncentrować na nauce. Byłem rozgorączkowany myślą o nowym bracie. Nie wiedziałem nawet, jak miał na imię ani jak wyglądał. *Może przypomina Mamę*, wyobrażałem sobie.

Moja zaduma została przerwana, kiedy ktoś zapukał do drzwi. Nauczyciel wyszedł na chwilę z klasy na korytarz. Kiedy wrócił, miał dziwny wyraz twarz. Podszedł do mojej ławki i powiedział, żebym spakował swoje rzeczy.

Powiedział, że zostałem zwolniony ze szkoły i mam wracać z sąsiadką do domu. Pomyślałem, że może potrzebowali pomocy z dzieckiem albo że będziemy świętować. Pierwsze co zauważyłem po przybyciu do domu to to, że lustra były zasłonięte. Wydawało mi się to dziwne, bo tak się robi tylko, jeśli ktoś z rodziny umarł. Stanley, który miał wtedy jedynie sześć lat, siedział na podłodze i bawił się. Wszystko wydawało się w porządku, ale serce mocno mi biło.

Ojciec podszedł do mnie ze łzami lejącymi się po policzkach.

— Mama umarła.

Płakaliśmy razem. Nie po raz ostatni.

Wziął mnie za rękę i zaprowadził mnie do pokoju. Tam, na podłodze, z zapalonymi świecami wokół głowy i przykryta prześcieradłem leżała moja kochana, wspaniała Mama.

Stałem tam przez kilka minut, nie mogąc zrozumieć tej okropnej rzeczy, która nam się przydarzyła. Z głośnym płaczem odwróciłem się do ojca, który wziął mnie w ramiona i kołysał, aż wycieńczony płaczem zasnąłem.

Następnego dnia pochowaliśmy Mamę. Wtedy, w tym starym kraju, nie używano trumien. Zamiast tego budowano w ziemi drewniany grób, w którym składało się ciało. Przykrywało się je wiekiem, a następnie zasypywało ziemią. Nastał czas wielkiego smutku. Wieczorem odmówiliśmy kadisz, naszą modlitwę za zmarłych, i robiliśmy to samo każdego ranka i wieczora przez rok.

---

Skoro nie było z nami matki, ojciec pozwolił mi pomóc mu wybrać imię dla dziecka. Razem zdecydowaliśmy się nazwać go Jacob. Ten rok był bardzo trudny. Moja babcia dalej opiekowała się Jacobem, a Papa cały czas pracował, żeby nas utrzymać. Stanley i ja bardzo tęskniliśmy za Mamą, brakowało nam jej miłości i opieki. Sąsiadki były życzliwe, przynosiły nam ciasta i placki. Ale przez większość czasu byliśmy sami i mieliśmy tylko siebie.

Któregoś ranka po tym, jak pomogłem Stanleyowi ubrać się do szkoły, wszedłem do kuchni i zauważyłem nieznaną mi kobietę przygotowującą jedzenie. Uśmiechnęła się do mnie.

— Dzień dobry, Mendel. Jestem twoją nową matką.

Przez chwilę byłem cicho.

— Jesteś żoną Papy?

— Tak, Mendel. Od wczoraj. Teraz możemy sprowadzić małego Jacoba tutaj z domu twojej babki, a ja zaopiekuję się tobą i twoimi braćmi.

Byłem szczęśliwy na myśl o tym, że Jacob będzie z nami, a skoro wyglądało na to, że to dzięki niej było to możliwe, podbiegłem i uścisnąłem ją.

— Jesteś więc zadowolony? — zapytała.

Pokiwałem głową i nagle się zawstydziłem. Zapytać, jak się nazywa, czy mówić do niej „mamo"?

Bardzo różniła się od mojej matki, tej, którą znałem i kochałem. Moja Mama była ładna i miała piękne, czarne, wyraziste oczy i drobną figurę. Nosiła śliczne sukienki i zawsze pachniała czystością. Była jedynaczką, więc moi dziadkowie zawsze rozpieszczali ją drobnostkami, na które ojca nie było stać. Papa jednak bardzo ją kochał i zawsze upewniał się, że miała wszystko, czego potrzebowała, a nawet i nieco więcej.

Moja nowa matka była inna. Była dużą kobietą z raczej pospolitą twarzą. Ale skoro Jacob będzie z nami mieszkał, to pomyślałem, że może znowu będziemy razem szczęśliwi.

Mój ojciec nerwowo nam się przyglądał przez pierwsze kilka dni, żeby sprawdzić, czy zaakceptujemy nową matkę. Żeby pomóc nam zrozumieć, wyjaśnił najpierw, że zgodnie z żydowską tradycją przez rok nosił po matce żałobę, a potem powiedział mi, że potrzebował kogoś, kto się nami zaopiekuje. Nie wiem, czy naprawdę się kochali, ale było to wygodne rozwiązanie dla nas wszystkich.

Stanley od razu ją zaakceptował, nawet od początku nazywał ją „Mamą", ale minęło kilka tygodni, dopóki ja się przyzwyczaiłem do nowej sytuacji. Pomógł mi fakt, że Jacob był z nami. Wydawał się bardzo mądrym dzieciątkiem, a ja jako najstarszy syn spędzałem dużo czasu na opiece nad nim. Karmiłem go butelką, kołysałem, kiedy płakał. Chciałem pomóc tak, jak tylko umiałem.

---

Kiedy wspominam to, przez co nasza rodzina przeszła po śmierci Mamy, myślę, że może jej wczesne odejście z tego świata było szczęściem w nieszczęściu. Nie umiem sobie wyobrazić, jak cierpiałaby, gdyby wyrwali jej z rąk dzieci albo gdyby musiała znosić nazistowskie nieprzyzwoitości i wyzwiska, które moje macocha musiała wytrzymać.

Nie sądzę, żeby moja macocha, która sama nie mogła mieć własnych dzieci, miała pełną świadomość tego, jak wielkie obowiązki na siebie wzięła, wychodząc za mojego ojca. Trudno było jej dołączyć do kompletnej rodziny. Mimo tego była dobrą matką i nauczyliśmy się ją kochać, choć równie dobrze mogło to być tylko oddanie z wdzięczności.

Według mojej macochy czystość była największą cnotą.

Pamiętam, jak sprawdzała nam ręce i uszy każdego ranka przed szkołą, upewniała się, że uczesaliśmy włosy i że nasze ubrania dobrze wyglądały.

Na moją edukację składały się lekcje od ósmej do południa w szkole publicznej, a potem od czternastej do szesnastej w szkole żydowskiej. Stanley był prymusem szkółki parafialnej, ale to dlatego, że liczba uczniów w każdej klasie była ograniczona.[1] Chodzenie do szkoły zawsze było przyjemne. Wszystkim się interesowałem, ale czasami moja ciekawość nie wychodziła mi na dobre.

Któregoś czwartku, w dzień targowy, poszedłem na wagary do miasta. Niekończąca się parada niemieckich i polskich rolników przynosiła na targ swoje produkty: masło, ser, bydło. Sposób, w jaki wyrabiali nabiał, był sztuką docenianą przez wielu ludzi. Kiedy słuchałem, jak mówili, zorientowałem się, że ich język był bardzo podobny do mojego, do jidysz. Wnet mogłem porozmawiać z młodszymi chłopakami i dziewczynami, którzy pomagali rodzicom przy straganach z warzywami. Poznałem nowych kolegów, niektórzy zaprosili mnie do swoich domów. Jacy mili byli z nich ludzie! Jak to możliwe, że ci sami ludzie stali się potem moimi wrogami?

---

Budynek, w którym mieszkaliśmy, miał trzy piętra i był jednym z wyższych w Radomiu. Nasze mieszkanie było na najwyższym piętrze, które dzieliliśmy z dwiema innymi rodzinami. Na pierwszym i drugim były cztery inne mieszkania, a na parterze znajdowała się restauracja i winiarnia. W budynku mieszkało jedenaście rodzin. Dzieliliśmy razem radości, smutki, byliśmy jak jedna, wielka rodzina.

Restauracja miała renomę, od kilku pokoleń należała do tej samej rodziny i odwiedzali ją szanowani ludzie Radomia. Jej właściciele mieli jednego syna, Itzrocka, którego bardzo kochali. Był ich dumą i radością, a moim najlepszym przyjacielem odkąd tylko pamiętam. Muszę przyznać, że w ciągu lat czasami bywałem zazdrosny o uwagę, jaką poświęcali mu rodzice, o jego zabawki i nowe ubrania, ale Itzrock zawsze umiał mnie rozśmieszyć i wiedziałem, że nasza przyjaźń będzie trwała długo.

Wielokrotnie razem z rodziną moją i Itzrocka chodziliśmy do synagogi i zaczynaliśmy świętować szabat w piątkowe wieczory. Kiedy patrzyliśmy, jak zapalano świecie, moja macocha chowała twarz w rękach i modliła się. Myśleliśmy, że prosiła o dziecko, ale nigdy nie byliśmy pewni.

Pewnego szabatowego poranka, w sobotę, Itzrock i ja ubraliśmy się w identyczne garnitury, lśniące, skórzane buty i jarmułki. Tak nam kazano, ale uważaliśmy to za głupotę.

Szabat to dzień odpoczynku całej rodziny, który poświęcaliśmy Bogu. Moja macocha wtedy nie gotowała, ale pamiętam nasze sobotnie obiady. Zawsze jedliśmy to samo: gulasz z mięsem i warzywami z pobliskiej piekarni. Dusił się na wolnym ogniu od piątkowego wieczora, a w sobotę rano nasza mama przynosiła stamtąd duży garnek dla całej rodziny.

Po jedzeniu ojciec zawsze pytał, jak nam idzie w szkole. Zawsze mówiliśmy „dobrze, Papo". Nigdy nie musieliśmy powiedzieć „źle, Papo". Resztę wieczoru spędzaliśmy na odwiedzinach u dziadków, ciotek, wujków i przyjaciół.

Mój ojciec zawsze miał co do nas jakieś plany. Chciał, żeby nam się lepiej żyło i miał nadzieję, że będziemy się dobrze uczyli oraz że znajdziemy porządny zawód.

W tamtym czasie polski rząd wprowadził liczne przepisy ograniczające liczbę zawodów, które mogli wykonywać Żydzi.[2] Żydzi nie mieli dostępu do edukacji koniecznej, żeby zostać profesorami, lekarzami, naukowcami, inżynierami. Była tylko jedna półprofesjonalna ścieżka kariery: technik dentystyczny, i to właśnie było to, czym ojciec chciał, żebym się zajmował. Jego oczy rozbłyskały dumą, kiedy o tym rozmawialiśmy. Gdyby jego syn został dentystą, spełniłyby się jego marzenia.

Czasami życzenia i nadzieje rodziców nie stają się prawdą. Często dzieje się tak, ponieważ dzieci mają własne ambicje i marzenia. Oczywiście, nie mogliśmy wiedzieć, że ani nasze, ani plany ojca nie będą miały żadnego znaczenia. Nikt z nas nie mógł wyobrazić sobie, co się stanie.

---

Kiedy dorastałem, w Radomiu mieszkało około 75 tysięcy ludzi, a 40% z nich było Żydami. Pozostałe 60% to byli Polacy, Ukraińcy i Niemcy. Nasze miasteczko było przemysłowe, wyrabiano tam różne dobra ze skóry, przeważnie buty. Cygara i papierosy też tam produkowano, podobnie jak amunicję i broń.

Radom był miastem pełnym historii. Rezydowali tam od czasu do czasu członkowie rodziny królewskiej. Były też zapisy o zwycięskich bitwach stoczonych ze starymi wrogami. W Radomiu można było znaleźć dużo piękna: ładne parki, pomniki, muzea i szerokie aleje z drzewami. Dumni byliśmy z naszego miasteczka.

Jednym z moich wcześniejszych wspomnień jest to, w którym Polki, ubrane w długie suknie i z chustami na głowie, siedziały przed wejściem do parku i sprzedawały kwiaty. Zauważyłem, że ich ręce często były czerwone i spierzchnięte od mrozu, a mimo to zawsze tam siedziały i nawoływały: „kup kwiatuszek dla dziewczyny!". Chciałem im pomóc.

Kiedy moi bracia i inni chłopcy szli do parku się pobawić, ja stałem z boku i przyglądałem się, jak te biedne kobiety próbowały zarobić parę groszy, żeby ich rodziny nie umarły z głodu. Uświadomiłem sobie, że są na świecie bardzo biedni ludzie.

Mój ojciec był krawcem prowadzącym biznes z dużego pokoju naszego mieszkania. Zarabiał wystarczająco i czasami zatrudniał nawet pięć osób, które pomagały mu z szyciem.

Od kiedy skończyłem osiem czy dziewięć lat, Stanley i ja chwytaliśmy się różnych prac, żeby pomóc z wydatkami. Dobrze było wiedzieć, że pomagamy rodzinie.

Stanley zawsze miał żyłkę do interesów. Lubił zarabiać własne pieniądze, żeby móc pójść do kina, kupić książkę, słodycze, albo po prostu oddać komuś z rodziny lub przyjacielowi. Jeśli nie sprzedawał właśnie bułek na rogu, pomagał podróżnym przenosić bagaże albo zanosił koniom wodę. Zawsze był czymś zajęty.

Raz ktoś bogaty zlitował się nad Stanleyem niosącym ciężkie walizki i wynagrodził go pokaźną sumką. Mój brat, zawsze hojny i o dobrym sercu, przyniósł do domu bułki i prezenty dla każdego.

Ja zwykle znajdowałem coś do roboty w restauracji na parterze naszego budynku. Lubiłem tam pracować i chociaż większość popołudni spędzałem w kuchni, czasami wysyłano mnie na salę pozbierać naczynia, przenieść porcelanę albo zmienić obrusy. To wtedy mogłem zobaczyć, jak żyją bogatsi ludzie. Kobiety zawsze pięknie wyglądały w swoich długich sukniach, a światło świec odbijało się w ich cekinach. Orkiestra grała śliczną muzykę, a w powietrzu było czuć zapach dobrego jedzenia i kwiatów.

— Kiedy dorosnę — pomyślałem — ja też będę jadał w restauracjach, tańczył i cieszył się życiem! Będę ciężko pracował, będę grzecznym chłopcem, pójdę do szkoły, a potem zaopiekuję się Mamą i Papą.

Nie byliśmy uprzywilejowaną rodziną, ale nasz ojciec co wieczór starał się nam przynieść kawałek czekolady albo soczystą pomarańczę. Kiedy przychodził późno do domu, zawsze starał się nas nie obudzić. Wiedział, że dorastający chłopcy potrzebują snu, więc owoce albo słodycze po cichu kładł na naszych poduszkach. Kiedy budziliśmy się, te prezenty były pierwszym, co widzieliśmy. Czasami czekolada się topiła, ale nic ojcu nie mówiliśmy. Ściskaliśmy i całowaliśmy go, tańczyliśmy z radości, że był dla nas taki dobry. Jego małe upominki ciągle nam przypominały, że byliśmy kochani i że nasz ojciec był najlepszy na świecie.

Nasze życie rodzinne było szczęśliwe. Mieliśmy naszych przyjaciół, jedzenie na stole, wystarczająco ciepłego ubrania na zimę i wystarczająco pieniędzy, żeby kupić węgiel i mieć ciepło i milutko w mieszkaniu. Byliśmy zdrowi, mieliśmy pracę, chodziliśmy do szkoły, a co najważniejsze: całkowicie ufaliśmy Bogu.

Kiedy Stanley i ja dorastaliśmy, braterska więź między nami się umacniała. Byliśmy w podobnym wieku, mieliśmy te same zainteresowania i lubiliśmy robić te same rzeczy. Wyglądaliśmy za to zupełnie inaczej. Ja miałem brązowe oczy, ciemne włosy i oliwkową cerę, a Stanley był blady, miał orzechowe oczy i jasne włosy. Okazało się, że ta znacząca różnica w wyglądzie była błogosławieństwem od Boga, bo to dzięki niej udało nam się uratować nasze życia podczas okupacji.

Ta część Radomia, w której mieszkaliśmy, była całkowicie żydowska. To tam były małe sklepiki, w których rządzili krawcy, kuśnierze i szewcy. Dużo chrześcijan przychodziło do naszej dzielnicy, żeby zamówić ubrania i obuwie.

Nie przypominam sobie, żebym zauważył antysemickie zachowania w swojej młodości. Co więcej, dla mnie i dla Stanleya antysemityzm był czymś, o czym nigdy nie słyszeliśmy ani czego nie doświadczyliśmy. Ale przecież mieszkaliśmy w żydowskiej dzielnicy i oddzieleni byliśmy od uprzedzeń reszty świata.

Wraz z mijającymi miesiącami oczywistością stało się, że czasy się zmieniały. Nastąpiła fala wściekłości wobec naszego wyznania. Słyszeliśmy o polskich chłopcach skradających się do starszych Żydów, żeby pociągnąć ich za brody, albo rzucających kamienie w stronę kobiet i dzieci. Słowo „Żyd" pojawiało się na ścianach i oknach sklepów w całym mieście. To szaleństwo wymykało się spod kontroli, było jak wietrzyk zmieniający się w tornado.

Dlaczego rzucają nam w twarz słowo „Żyd" jak obelgę? Cóż takiego zrobiliśmy? Czemu to nad nami się znęcano?

A potem stało się.

Pewnego dnia Stanley przyszedł z płaczem ze szkoły. Pamiętam, że ojciec nie mógł wydusić z niego żadnego wyjaśnienia.

— Stanley, powiedz, co się stało! Proszę, jak ci mam pomóc, skoro nawet nie wiem, czemu płaczesz?

— Nie mogę powiedzieć. Wiem tylko, że już nigdy nie pójdę do szkoły.

— No już, Stanley — powiedział Papa. — Wierz mi, razem coś wymyślimy.

Stanley nie chciał rozmawiać, więc ojciec myślał, że najlepiej będzie go zostawić samego. Mój brat chodził do szkoły z chrześcijanami i aż do tego momentu nie miał żadnych problemów z religią, wyznaniem ani rasą. Zwykle wszystkie dzieci się dogadywały. Stanley zawsze lubił swoich nauczycieli, kolegów z klasy i szkołę, ale nadszedł ten dzień, w którym musiał zmierzyć się z rzeczywistością.

— Papo, to co znaczy „łajdak"? Wczoraj na przerwie jeden chłopak nazwał mnie „żydowskim łajdakiem". Wiem, że to coś złego, bo inne dzieci zaczęły się ze mnie śmiać. Wściekłem się i walnąłem tego chłopca w głowę. Biliśmy się tylko przez chwilę, ale to ja wygrałem. Przepraszam, Papo, jesteś na mnie zły?

Ojciec miał łzy w oczach. Na jego twarzy było widać ból pomieszany ze strachem.

— Mam list od dyrektora do Mamy, wzywa ją do szkoły, żeby o mnie porozmawiać. Bałem się dać ci go, Papo.

— Nigdy nie bój się swoich rodziców, Stanley — słyszałem, jak mówił ojciec. — Mama pójdzie z tobą do szkoły i wszystko wyjaśni.

— Ale oni mnie tam nie chcą! Już od dawna to wiem.

Wtedy Stanley opowiedział nam, jak chrześcijańskie dzieci już od dłuższego czasu źle traktowały te żydowskie. Stanley, ten niezwykle przyjazny chłopak, od zawsze witał dyrektora radosnym „dzień dobry!", a w odpowiedzi dostawał uśmiech i „dzień dobry, synu".

Któregoś dnia dyrektor zauważył, że ktoś zawołał Stanleya po nazwisku, Steinberg, i od tego czasu radosne powitania się skończyły. Stanley próbował, ale na nic. Żeby nie być już więcej ignorowanym, mój brat zaczął unikać tego wysokiego mężczyzny. Bez wątpienia Stanley zastanawiał się, tak samo jak i ja, dlaczego to wszystko się działo. Bójka wyciągnęła tę sytuację na światło dzienne.

Nasza macocha poszła ze Stanleyem następnego dnia do szkoły, ale kiedy stanęli przed dyrektorem, Stanley ze wstydu nie umiał powtórzyć wyzwisk, które krzyczano w jego stronę. Dyrektor był zimny i niewrażliwy. Stanley błagał, żeby mu pozwolono iść do domu. Moi rodzice zdecydowali, że przepiszą Stanleya do szkoły publicznej, gdzie, jak sądzili, sytuacja nie będzie aż tak zła.

Ale od tamtego momentu rzadko kiedy dzień mijał bez wyzwisk. Mimo że teraz chodziliśmy do tej samej szkoły, sytuacja pogarszała się z każdą minutą. Ciągle zastanawiałem się, dlaczego byliśmy ofiarami tych okrucieństw i oskarżeń. Modliłem się i długo myślałem nad naszą niedolą, ale sam nie umiałem znaleźć odpowiedzi, więc poprosiłem ojca o wyjaśnienie. Dokładnie studiowałem jego twarz, kiedy szukał odpowiednich słów. Może zastanawiał się, czy powinien powiedzieć mi tę gorzką prawdę, czy trzymać ją w tajemnicy jak najdłużej i chronić mnie przed okropną rzeczywistością, niechybnie kończącą moje niewinne dzieciństwo.

Westchnął ciężko, położył mi rękę na ramieniu i zaczął wyjaśniać zmęczonym głosem:

— Synu, chyba już czas, żebyś wiedział, co się dzieje z naszymi ludźmi, i zrozumiał, że musimy się przygotować na to, co na nas czeka. Od jakiegoś czasu, ludzie nastawiają się przeciwko Żydom, a jak podają najnowsze wiadomości, coś okropnego dzieje się w Niemczech. Człowiek pełen nienawiści uzyskał władzę i ogłosił plan całkowitej eksterminacji naszych ludzi. Wiesz, co znaczy eksterminacja, Mendel?

Pokiwałem głową ze zrozumieniem. Dreszcz przeszedł mi po ciele. Drżały mi nogi i czułem coś ciężkiego w brzuchu. Moje myśli były zdezorientowane, kiedy słuchałem głosu Papy. Dlaczego? Dlaczego ktoś chce nas zabić? Mamę, Stanleya, Jacoba, Itzrocka? Co złego zrobiliśmy?

— Nienawiść i zazdrość, Mendel, to dwa powody. Ale świat to dobre miejsce i na pewno ktoś nas ocali, zanim będzie za późno.

Tamtej nocy leżałem w łóżku, myśląc o tym, co powiedział ojciec. Z jakiego powodu ktoś chce mnie zabić? Słucham rodziców, wierzę w Boga, zawsze się modlę. Myśl, że moja rodzina i przyjaciele niedługo zostaną zamordowani, co noc napawała mnie strachem. Czasami płakałem ze smutku, czasami byłem wściekły. Jedną z tych emocji już od dłuższego czasu czułem od rana do wieczora.

Czas mijał i zauważyłem, że wszyscy wyglądali na zmartwionych albo smutnych. Śmiech i radość wydawały się już nie istnieć. Depresja i zgiełk tak samo dotknęły bogatych jak i biednych. Przemysł w Radomiu podupadał i pamiętam, że nasze życie szybko się zmieniało. Zaczęliśmy odczuwać brak pieniędzy, jedzenia. Radzono nam oszczędzać każdy grosz.

Codziennie kolejny sklepik ogłaszał bankructwo. Mój ojciec z bólem serca musiał zwolnić każdego pracownika. Jego biznes tak bardzo podupadł, że prawie w ogóle nie miał pracy. To nie były czasy, w których ludzi stać było na garnitury. Nawet drobne poprawki krawieckie nie dawały ojcu żadnego zysku.

Każdego dnia po szkole Stanley i ja przebieraliśmy się w stare ubrania, żeby te lepsze mieć na pójście do synagogi. Nasze posiłki gotowano z tanich składników, a przez braki w wyżywieniu czasami szliśmy spać głodni. Już nie mogliśmy się cieszyć gulaszem w szabat, bo nie było nas na niego stać. Poczucie zbliżającej się klęski zagnieździło się w naszym domu, mimo że staraliśmy się myśleć pozytywnie.

W te ranki, kiedy Papa przyjął jakieś zlecenie, rosła w nas nadzieja, że na kolację będziemy mogli zjeść coś ciepłego. Przez te trudne lata nasza wiara w Boga przetrwała i dodawała nam siły. Pamiętam, że kiedy sytuacja się pogarszała, w dni, w które nie mieliśmy jedzenia, moja macocha nalewała do garnka albo dwóch wody i gotowała ją na piecu. Jeśli przypadkiem odwiedzili nas sąsiedzi —wyglądało na to, że mieliśmy co jeść. Taka była dumna.

Restauracja, w której pracowałem, nie radziła sobie dobrze. Klienci znikli i w końcu przyszedł czas na to, żeby ją zamknąć. Współczułem Itzrockowi. Teraz i on, chłopak tak przyzwyczajony do wygodnego życia, musiał poradzić sobie bez podstawowych rzeczy. Kryzys wyrównywał społeczeństwo. Wiele nauczyłem się wtedy o ludzkiej naturze. Każdy chciał przetrwać, więc zazdrość i tchórzostwo stały się codziennością w naszej małej wspólnocie.

Żydzi zaczęli rozdawać zupę pozostałym mieszkańcom miasteczka. Ci z niewielu, którzy mieli zaoszczędzone pieniądze, starali się jakoś pomóc reszcie, ale jeśli ktoś myślał, że dostaje mniej od innych, puszczały nerwy i przyjaźnie wisiały na włosku. Desperacja i pragnienie przetrwania przytłoczyły nasze poczucie braterstwa.

Byłem najstarszym synem, więc to do mnie należało stanie w kolejce po naszą porcję zupy. Papa długo musiał przekonywać macochę, żeby zgodziła się na tę pomoc. Trudno mi się czekało, robiło się coraz zimniej. Próbowałem potraktować to jako zabawę, więc starałem się biec do domu z zupą, jak najszybciej umiałem, ale zawsze zdążyła wystygnąć.

Podczas tych lat depresji zdarzały się też szczęśliwsze momenty. Mimo sytuacji, w jakiej się znaleźliśmy, staraliśmy się cieszyć drobnostkami. Byliśmy razem, a nieszczęście dzielone z innymi łatwiej znieść. Trzymałem się tych momentów radości i miałem szczęście, że udało mi się mieć normalne dzieciństwo, nawet jeśli nie trwało ono długo.

Sytuacja się pogarszała i kładła się cieniem na nasze życie. Niedługo z chłopca musiałem stać się mężczyzną. Jednym z moich szczęśliwych wspomnień jest to, w którym w zimowe wieczory odwiedzali nas przyjaciele.

W jakiś sposób mój ojciec zdołał utrzymać nasz zapas węgla i tym samym ocalił nas od mrozu. Inni w budynku nie mieli tyle szczęścia, ale nasze drzwi zawsze były otwarte dla każdego, kto chciał przyjść i nacieszyć się ciepłem i resztką jedzenia, którą mogliśmy się podzielić.

W te wieczory siadaliśmy bliżej glinianego pieca, w którym można też było przygotować jedzenie. Nawet jeśli mieliśmy tylko ziemniaki, moja macocha rzucała je na rozgrzane węgle, a kiedy się piekły, śpiewaliśmy piosenki, recytowaliśmy wiersze. Dzieci przysłuchiwały się, jak rozmawiali dorośli. Przebywanie razem z rodziną i naszymi przyjaciółmi bardzo nas uspokajało.

Często ktoś prosił naszego ojca o opowiedzenie jakieś historii. Mówił więc o tym, jak służył w polskiej armii podczas I wojny światowej, jak był patriotą w czasie rewolucji w 1920 roku. Z jego opowieści dowiadywaliśmy się o wojnie i o tym, jak to się stało, że pokochaliśmy nasze nowe państwo i jego mieszkańców.

Papa dużo podróżował w młodości. Raz nawet zastanawiał się, czy nie osiedlić się w Argentynie. Lubił dużo mówić, a jego historie były dla nas jak te z *Księgi tysiąca i jednej nocy*. Dowiedzieliśmy się, że poznał naszą matkę w Radomiu podczas jednej ze swoich podróży. Po jego powrocie do Ameryki Południowej wysyłali sobie listy i pocztówki. Wiele razy próbował ją namówić, żeby do niego przyjechała, wyszła za niego i też zadomowiła się w Argentynie. Ale moja matka była jedynaczką i nie zniosłaby rozłąki z rodzicami, a co dopiero tak długiej, samotnej podróży. W tamtych czasach często przeprowadzano się daleko od domu i prawie nigdy nie widywano swojej rodziny. A więc to ojciec w końcu wrócił do Radomia, poślubił moją matkę, Milkę, i razem założyli rodzinę. Nikt nie pomyślałby, że to szczęśliwe, pozbawione trosk życie za parę lat zmieni się na gorsze.

Los faktycznie odegrał rolę w tym, gdzie się urodziłem. Może gdyby ją nieco dłużej przekonywać, moja matka dołączyłaby do ojca i moje życie wyglądałoby zupełnie inaczej. Ale w życiu nie ma odpowiedzi na takie pytania. Elementy układanki powoli układały się w całość.

Moi rodzice nauczyli nas, że każdy został stworzony równym w oczach Boga. Że kolor i pochodzenie nie mają wpływu na charakter człowieka. Ważne jest to, co ma on w środku, a nie barwa jego skóry.

Nasza rodzina nie miała możliwości podróżować, więc rzadko mieliśmy kontakt albo nawet okazję, żeby zobaczyć osobę innej rasy.

Papa opowiadał nam o ciemnoskórych mieszkańcach Ameryki Południowej. Mówił też o pasażerach statków, z którymi podróżował, i o tym, jak rozrzucali w portach monety. Młodzi, czarni mężczyźni rzucali się na monety i za każdym razem podnosili je w swoich zębach. To wszystko bardzo mnie ciekawiło. Miałem jedenaście lat, kiedy po raz pierwszy zobaczyłem ciemnoskórego mężczyznę.

Któregoś dnia na końcu naszej ulicy było jakieś poruszenie. Ludzie śmiali się na widok mężczyzny na szczudłach. Pobiegłem ulicą, żeby dołączyć do mojego kolegi, Itzrocka, który z otwartą buzią patrzył z podziwem, jak czarny mężczyzna chodzi na wysokości pierwszego piętra. Był to fantastyczny widok. Mały Jacob, który był na tyle duży, żeby samodzielnie chodzić, przybiegł zobaczyć, co się dzieje. Kiedy zauważył ciemnego mężczyznę górującego nad nami, przestraszył się i zaczął płakać.

Pamiętam, że Chińczycy też przyjeżdżali do naszego miasta. Przyglądałem się, jak wystawiają na sprzedaż piękne dywany. Nosili kolorowe szaty zrobione z jedwabiu. Chciałem porozmawiać z ich dziećmi, ale za bardzo się wstydziłem.

Odkąd tylko pamiętam, kochałem muzykę. Już na zawsze będę miło wspominał ciepłe, letnie wieczory, kiedy słuchaliśmy koncertów zorganizowanych przez remizę strażacką. Wydawało mi się, że mieli dużo czasu na próby, bo nie pamiętam żadnych pożarów w naszym mieście. Moja rodzina cieszyła się ich świetną muzyką przez wiele wieczorów. Muzycy zawsze szli w paradzie na koncerty do ratusza, ich instrumenty świeciły w zachodzącym słońcu, ich mundury były wykrochmalone i wyprasowane. Kiedy muzycy przeszli, chłopcy i dziewczyny szli za nimi, a potem dołączały do nich psy wszystkich rozmiarów, które szczekały i biegały wokół dzieci.

Nasz dom znajdował się w przedsiębiorczej dzielnicy miasta, więc piękne witryny sklepowe były naszym placem zabaw. Razem ze Stanleyem godzinami patrzyliśmy się w okna i oglądaliśmy piękne produkty na wystawach. Każdego dnia było w sklepach coś nowego do zobaczenia. Było to dla nas niekończące się źródło przyjemności.

Kilka ulic dalej, niedaleko naszego domu, znajdowała się mała kawiarenka, gdzie chodziliśmy, żeby popatrzeć, jak eleganccy ludzie jedzą i tańczą. To miejsce było odwiedzane przez piękne kobiety i ich towarzyszy z bogatych dzielnic Radomia. To tam gromadzili się intelektualiści i śmietanka towarzyska. Itzrock, Stanley i ja, z Jacobem na baranach, godzinami staliśmy w ciszy, po prostu obserwując. W tle było słychać piękną, cygańską muzykę, graną przez prawdziwych podróżnych z długimi kolczykami i w kolorowych ubraniach. Wciąż słyszę, jak grają skrzypce. Zaczynali smutno i powoli, a potem stawali się coraz głośniejsi i coraz bardziej rozradowani. Do dzisiaj, kiedy słucham skrzypiec, myślami wracam do dzieciństwa, kiedy życie było dobre i pełne przygód.

W letnie miesiące, kiedy nie chodziliśmy do szkoły, ojciec zabierał nas na wieś na długie spacery. Braliśmy ze sobą jedzenie i szukaliśmy miejsca w cieniu na piknik. Czasami zatrzymywaliśmy się przy rolnikach, którzy dawali nam mleko, wciąż jeszcze trochę ciepłe. Dalej pamiętam jego smak. Ci polscy i niemieccy rolnicy byli naszymi przyjaciółmi.

---

Wielu rzeczy nauczyłem się, kiedy dorastałem. Zacząłem być świadom nieszczęść i problemów, jakie mieli inni ludzie, dzięki nauczycielowi z czwartej klasy, którego dobrze pamiętam. Był bardzo wysoki i tak szczupły, że prawie można było zobaczyć przez koszulę jego żebra. Miał duże uszy i nosił okulary z grubymi szkłami. Zdarzało mu się być zbyt dobitnym w swoich uwagach i miał zwyczaj kręcić głową i trząść uszami. Wyglądał jak strach na wróble, więc uczniowie robili sobie z niego żarty. Ale był dobrym nauczycielem o głębokiej wierze, którą starał się przekazać klasie.

Zwyczajem było zwracać się do nauczycieli ich tytułem i nazwiskiem. Więc dla nas był on „panem nauczycielem Wergerskim". Wtedy za zaszczyt uznawało się pomoc w posprzątaniu klasy po każdym dniu. Moje serce było pełne dumy, kiedy przyszła moja kolej na sprzątanie. Tablica musiała być wytarta, gąbki wytrzepane, śmieci wyrzucone, podłogi pozamiatane. Zawsze podobał mi się zapach olei wymieszanych z trocinami, których używaliśmy, żeby podłoga się nie kurzyła. Rozprowadzałem mieszaninę po podłodze, a potem zamiatałem ją dwa albo trzy razy.

Pewnego dnia po szkole, kiedy byłem w klasie sam na sam z nauczycielem, zacząłem z nim rozmawiać.

— Panie nauczycielu Wergerski, zawsze pan tak smutno wygląda. Czy to dlatego, że chłopcy panu dokuczają, czy jest pan chory?

Odwrócił się od tablicy, na której pisał lekcję na następny dzień, i spojrzał na mnie. Z małym, wąskim uśmiechem i uprzejmym wzorkiem odpowiedział:

— Nie, nie jestem chory, Mendel. Ale moja matka jest i się o nią martwię.

— Dlaczego nie sprowadzi pan do niej lekarza albo nie zaprowadzi jej do szpitala? — zapytałem.

Jego oczy wypełniły się łzami.

— Ona umiera, Mendel. Była w szpitalu, ale odesłano ją, żeby umarła w domu. Już nie można jej pomóc. Lekarze nic nie mogą zrobić, a poza tym, w szpitalu potrzebują łóżek dla tych, których można wyleczyć.

Czułem, jak serce wypełnia mi się żalem.

— Ma pan żonę, panie nauczycielu Wergerski?

— Nie, Mendel, nie mam. Widzisz, moja matka już od dawna jest chora, nie mogłem prosić żadnej dziewczyny, żeby się nią zajęła. A teraz jestem za stary. Gdyby mój ojciec żył, może mógłbym sobie jakoś ułożyć życie, ale umarł, kiedy byłem mały, i to ja musiałem zacząć zajmować się matką.

Wyglądał, jakby chciał jeszcze porozmawiać, więc zapytałem, gdzie mieszka.

— W małym mieszkaniu na przedmieściach Radomia.

To znaczyło, że daleko, ale nie zauważyłem ani konia z wozem ani roweru, więc zapytałem:

— Jak to daleko stąd?

— Robię trzy kilometry rano do szkoły i trzy z powrotem do domu.

Pomyślałem, jak ciężko musiało mu być i że kiedy w końcu docierał do domu, czekała na niego tylko jego umierająca matka. Musiałem przełknąć łzy. Współczułem mu. To wtedy zdecydowałem, że zrobię wszystko, co mogłem, żeby ułatwić mu pracę w szkole. Pogadałem z innymi uczniami i obiecali mi, że będą się lepiej zachowywać, szanować go i słuchać jego poleceń.

W drodze do domu myślałem o nim i o jego poważnych problemach, i porównywałem jego życie z moim, tak beztroskim. Jakie miałem szczęście mieć rodziców, braci, wystarczająco jedzenia, ubrań i wszystkiego innego, co dobre. Od tamtego dnia już nigdy niczego nie uważałem za pewne. Doceniłem swoje życie i dziękowałem Bogu za rodzinę.

Stanley i ja nie byliśmy idealnymi chłopakami, ale ojciec uważał, że „błogosławione są matki, co za złe karzą swe dziatki". Więc i nam od czasu do czasu zdarzyło się dostać. Ale na pewno każda kara była sprawiedliwa.

Jak to dzieciaki, rozrabialiśmy, kiedy dorastałem. Ale w porównaniu do późniejszych lat, były to raczej dziecinne psoty. Dzwoniliśmy do drzwi i uciekaliśmy, chowaliśmy się i czekaliśmy, co się stanie. Zawsze nas bawiło, kiedy ktoś otworzył drzwi i rozglądał się zdezorientowany albo jeszcze lepiej, kiedy wychodził na ulicę i zerkał w prawo i w lewo. Śmialiśmy się, kiedy drapał się po głowie i wracał do środka, jak gdyby mu się przesłyszało.

Pamiętam naszych dobrych sąsiadów, pana i panią Guttman. Pani Guttman była akuszerką przy porodzie Jacoba i opiekowała się nami w pierwszych tygodniach po śmierci Mamy. Mieszkali w jednym z mieszkań na drugim piętrze i pamiętam, jak pan Guttman, wtedy pięćdziesięciodziewięcioletni mężczyzna, przychodził z pracy. Siadał na kilka minut na każdym półpiętrze, a wtedy pani Guttman krzyczała głośno:

— Czego się guzdrzesz, Meyer? Od tylu lat już jesteśmy małżeństwem, a ty co wieczór robisz to samo. Każdy mężczyzna, którego znam, tak samo pracuje, a żaden się tak nie wygłupia!

— Tak, tak, masz racje, moja żono — mówił. — Każdy pracuje, a ja pewnie nie będę miał ani czasu umrzeć.

Z tymi słowami wstawał i obejmując się, razem szli do swoich pokoi. Biedni państwo Guttman. Ich córka, Sara, randkowała z jakimś kawalerem, za którego chciała wyjść. Ale on nie nadawał się do roboty i wyglądało na to, że wprowadzą się do rodziców Sary, dopóki nie ustatkowaliby się jako młode małżeństwo. W końcu taki też był zwyczaj: kiedy młodej pary nie stać było na własne mieszkanie, na początku wprowadzali się do rodziców. Był jednak jeden problem. Państwo Guttman już pomogli swoim dwóm innym córkom i zięciom, nie mówiąc już o posagu, który też trzeba było im zapewnić. Nie mieli nic swojego. Wszystko oddali córkom, ale taka też była żydowska tradycja. Miałem nadzieję, że przyjdzie czas, kiedy państwo Guttman będą cieszyli się z życia, a panu Guttmanowi będzie łatwiej. Przez to też myślałem, że kiedy dorosnę i się ożenię, to upewnię się, że będę miał tylko synów, żadnych córek!

Naszej rodziny nie było stać na radio, ale byli w budynku sąsiedzi, którzy mieli to urządzenie i przez jakiś czas byłem stałym gościem ich domu. Jak uwielbiałem te wielkie orkiestry z Węgier, Rumunii i naszej Polski! Szybko odrabiałem lekcje, a potem cały wieczór spędzałem na zatracaniu się w cudownym świecie muzyki. Czasami nasza matka dawała mi placek, ciasteczka albo kawałek ciasta, żeby podzielić się nimi z moimi znajomymi w podzięce za to, że tak dobrze się u nich bawiłem.

Lata mijały i stopniowo przyzwyczailiśmy się do zmian w naszym życiu. Biznes krawiecki na nowo się rozkręcał, a to znaczyło, że mieliśmy pieniądze na jedzenie i inne potrzeby. Ojciec już nie wyglądał na aż tak zmartwionego, kiedy wiedział, że mógł trochę popracować i polepszyć nam życie. Po śmierci Mamy, Papa upewniał się, żeby raz w tygodniu wpłacać na ubezpieczenie. Zawsze nam powtarzał, że jeśli coś mu się stanie, Stanley, Jacob i ja będziemy mieli pieniądze. Nasze życie zaczęło się poprawiać. Może teraz ojciec będzie mógł zaoszczędzić trochę na później i razem z matką znów będą mogli być dumni z naszej rodziny?

Nasze życie mogło być wspaniałe i szczęśliwe. Zawsze byliśmy razem, nieważne, co się działo. Ale niebezpieczeństwo nad nami czyhało. Bałem się nie tylko o swoją rodzinę, ale o wszystkich Żydów. Co się z nami stanie, jeśli cienie całkowicie ogarną nasze miasto?

Milka, matka Manny'ego

Stanley, Milka i Manny

Stanley i Manny z ojcem, Chaimem, nad grobem Milka

Stanley (S) w pierwszej klasie i Manny (M) w drugiej klasie

Chaim i Genia, macocha chłopców

Jacob, 5 lat

Jacob i Manny przed wojną

Manny, Chaim, Jacob i Stanley w getcie

1. Ograniczenie liczby żydowskich uczniów w szkołach było spowodowane zasadą *numerus clausus*, stosowaną w międzywojniu i po II wojnie światowej do celów politycznych.
2. Po śmierci Józefa Piłsudskiego (w 1935 roku) na terenie Polski zaczął wzrastać antysemityzm. Przejawiał się on m.in. wprowadzeniem zasady *numerus clausus* oraz nakazem oznakowania żydowskich sklepów. Związek Lekarzy Polskich, Stowarzyszenie Prawników oraz Stowarzyszenie Dziennikarzy wprowadziły zapisy wykluczające Żydów z tych zawodów.

# CIENIE

Miałem prawie trzynaście lat i zgodnie z żydowską tradycją zbliżała się moja bar micwa. Byłem u progu męskości. Przyszedł czas, żebym przejął część rodzinnych obowiązków, zaczął zarabiać pieniądze, a może nawet znalazł sobie dziewczynę. Uczyłem się tańca i w ogóle wchodziłem w świat dorosłych. Musiałem być dojrzały, przestać ciągnąć dziewczyny za warkocze i przestać pluć na ulicę. Musiałem dbać o to, jak wyglądałem, musiałem wkładać koszulę do spodni i czesać włosy.

Byłem dość wysoki jak na swój wiek, miałem brązowe oczy, ciemne włosy i mocne, białe zęby. Mówiono mi, że miałem miły uśmiech i przyjazne obejście. Często brano mnie za starszego niż faktycznie byłem, co mnie cieszyło. Chciałem już dorosnąć. Częściowo dlatego, że od kilku tygodni oglądałem się za jedną dziewczyną. Była ładna, miała piękne, długie do pasa blond włosy. Jej niebieskie oczy były duże jak paciorki, nosiła kolczyki i pierścionek do kompletu na jednym z palców. Starannie się ubierała. Chciałem ją poznać.

Mieszkała w naszej dzielnicy i codziennie wyglądałem jej po szkole. Wyobrażałem sobie, że byłem jej strażnikiem i miałem nadzieję, że pewnego dnia pozwoli mi ponieść swoje książki. Przez długi czas nie znałem jej imienia, za bardzo się wstydziłem, żeby zapytać. Chowałem się za dużym drzewem po drugiej stronie ulicy, żeby nie mogła mnie zauważyć.

W końcu nadszedł ten dzień, w którym wykrzesałem z siebie na tyle odwagi, żeby do niej podejść i się przedstawić. Tak przynajmniej myślałem, ale kiedy otworzyłem usta, głos mi się załamał i skończyło się na tym, że stałem jak wryty, gapiąc się w jej piękne oczy.

— Mieszkasz niedaleko? — zapytała. Pokiwałem głową.

— Masz jakieś imię? — Znowu pokiwałem.

— Ja jestem Ewa. No więc, jak się nazywasz? — zapytała jeszcze raz.

W końcu usłyszałem, jak mówię: Mendel. Zawsze łatwo przychodziła mi rozmowa z innymi, ale wtedy nie umiałem nic wykrztusić. Staliśmy, po prostu na siebie patrząc.

W końcu powiedziałem:

— Muszę iść, mam rzeczy do zrobienia.

— Jutro w drodze do szkoły będę cię wyglądać, Mendel — powiedziała i pobiegła do domu.

Wracając do domu, czułem, jak mocno i szybko bije mi serce. Śniła mi się tamtej nocy. Obudziłem się podekscytowany.

Następnego ranka, kiedy odprowadziłem ją do szkoły i szedłem dalej w swoją stronę, zamiast liczyć kroki, raz, dwa, trzy, cztery, jak to zwykle robiłem, mówiłem do siebie „Ewa, Ewa, Ewa".

Zakochałem się.

Wypełniony tym pięknym, nowym uczuciem, czułem, że musiałem komuś o nim powiedzieć. Mój brat, Stanley, tak bliski mi wiekiem, wydawał mi się najlepszym powiernikiem. Nie pamiętam, jak zareagował, ale pamiętam, że od razu poszedł do ojca i powiedział mu: Mendel ma dziewczynę. Papa zawołał mnie do siebie, położył mi rękę na ramieniu. Rozmawiał ze mną jak mężczyzna z mężczyzną i wręczył mi moje pierwsze kieszonkowe, dwadzieścia groszy na tydzień.

Zdecydowałem, że muszę się pospieszyć z nauką, żeby móc zarobić na żonę i rodzinę. Budziłem się, myśląc o Ewie i zasypiałem z jej imieniem na ustach.

Nie wiedziałem jeszcze, że Ewa będzie pierwszą, przez którą

moje serce zostanie złamane. To nie było chłopięce nieszczęście. Zraniła mnie tak mocno, że nawet doświadczony mężczyzna ledwo by je zniósł. Była jedną z wielu tragedii mojej młodości. Ale o tym za chwilę.

Kiedy co ranka wychodziłem do szkoły, wesoło witałem sąsiadów. Dobrze się uczyłem, pilnowałem manier i co tygodnia starałem się być lepszym. Moje serce pękało z miłości do ojca, macochy, braci. Skąd się to wszystko wzięło? Czyżbym wcześniej nie kochał swojej rodziny? Tym razem to uczucie było inne, było go więcej i było bardziej intensywne. Chciałem wszystkim pomóc, moje serce ubolewało nad nieszczęściami innych. Dojrzewałem. Kochałem.

Z każdym dniem macki tego okropnego szaleńca sięgały coraz dalej. Starałem się o nim za dużo nie myśleć, w końcu byłem zakochany i pewny swojego szczęścia. Skąd mogłem wiedzieć, że to tylko kwestia czasu, zanim doświadczę przemocy, cierpienia i terroru obozów koncentracyjnych?

Mój ojciec planował moją bar micwę. Jak się jednak okazało, moje trzynaste urodziny minęły bez żadnego świętowania.

---

Jednym z moich ulubionych miejsc do przesiadywania w mieście był kiosk. Zatrzymywałem się obok i patrzyłem na nagłówki gazet, lubiłem okładki magazynów. Okropnie pragnąłem je wszystkie przeczytać. Muszę przyznać, że zazdrościłem osobom, które stać było na wszystkie periodyki i inne publikacje. Obiecałem sobie, że ja też będę mógł kiedyś kupować książki i gazety. Kiosk był prowadzony przez weterana I wojny światowej, któremu polski rząd zlecił tę pracę. Oprócz gazet sprzedawał też tabakę, papierosy i fajki.

Pewnego ranka, jak wiele razy wcześniej, przywitałem się z nim wesołym „Dzień dobry, co dzisiaj nowego?".

— Źle się dzieje, chłopcze, bardzo źle. Zaciągają młodych chłopaków i rezerwowych na rozkaz Naczelnego Dowództwa Wojska Polskiego.

— To znaczy, że idziemy na wojnę?

— Na pewno — westchnął i pokręcił głową. — Za niedługo wypowiedzą wojnę.

Starałem się przeczytać coś więcej na ten temat, ale wszyscy łapali za gazety, niecierpliwie chcieli się wszystkiego dowiedzieć. Wszędzie stały grupki mężczyzn dyskutujących o tych przerażających rzeczach, które działy się w naszym kraju. Ruszyłem dalej do szkoły, ale kiedy do niej dotarłem, okazało się, że była zamknięta. Martwiąc się o rodzinę, pobiegłem do domu.

Kiedy otworzyłem drzwi, w środku był Papa, sąsiedzi i dalsza rodzina. Rozmawiali o tym, co się działo, próbowali wymyślić plan dla naszej rodziny. Chciałem do nich dołączyć, ale paru mężczyzn wygoniło mnie na zewnątrz. Czułem się zdesperowany, ale nie wiedziałem dlaczego. Postanowiłem pójść do Ewy. Może była wystraszona i mnie potrzebowała? Trochę mi zajęło dojście do jej domu. Jej ulica była pogrążona w mroku. Podszedłem cicho do okna z boku budynku i zajrzałem do środka. Na stole wciąż leżały talerze, a krzesła były poprzewracane. Nikogo nie było w domu. Zmieszany i wystraszony pobiegłem w stronę miasta.

Dużo działo się na głównej ulicy. Na każdym rogu rozstawiono stanowiska rekrutacyjne, przy których czekał wianuszek mężczyzn, chcących zapisać się do służby. Młode kobiety całowały swoich ukochanych na pożegnanie, rodzice ściskali synów, dzieci płakały za ojcami.

Stanley, Jacob i ja byliśmy za młodzi, żeby się zaciągnąć, a Papa był za stary. Byłem zażenowany, bo w głębi ducha myślałem, że miałem szczęście, że byłem niezdolny do służby.

Dalej szukałem Ewy, a wraz z tym, jak mijał wieczór, wszystko wydawało mi się inne w naszym mieście. Radom zmienił się tamtej nocy i już nigdy nie był taki sam.

Następnego dnia włóczyłem się po ulicach, wciąż jako wolny człowiek, wciąż szukając Ewy.

Niebo było pochmurne i ciemne, w powietrzu unosiło się coś złego. Byłem pewny, że słońce już nigdy więcej nie wzejdzie. Wydawało się, że za chwilę w miasto uderzy huragan, ale baliśmy się nie wiatru i deszczu, tylko bomb.

Siedziałem pod starym drzewem naprzeciwko kiosku, z twarzą w dłoniach. Wystraszyłem się, kiedy szwadron policji wyszedł zza rogu. Przerażenie ścisnęło mnie za serce, kiedy ich rozpoznałem. Jak najszybciej pobiegłem do rodziny, do domu.

Kiedy otworzyłem drzwi, usłyszałem, że moja macocha płakała.

— Chaim, nie możemy stąd uciekać? Mamy tu zostać i dać się zabić?

— Cicho, kochanie. Lepiej nie niepokoić dzieci, dopóki nie musimy. — Mój ojciec był blady, wargi mu się trzęsły.

— Ale Chaim, to już koniec. Może mamy jeszcze kilka godzin. Uciekajmy. Jakoś nam się uda!

— Jak? — zapytał ojciec. — Nie mamy żadnego środka transportu, granice są obserwowane, w pociągach jest policja. Jesteśmy w pułapce, jedyne, co możemy zrobić, to zostać tutaj i modlić się do Boga o pomoc i ocalenie.

Macocha upadła na kolana, a Stanley, mały Jacob i ja trzymaliśmy się kurczowo jej fartucha, modliliśmy się. Bomby spadające w oddali tworzyły upiorne tło do naszych modlitw.

Gdybyśmy wiedzieli, że mamy jeszcze tylko godzinę albo dwie, pewnie coś byśmy zjedli i lepiej się przygotowali. Ale zbyt baliśmy się, żeby myśleć logicznie. Zamiast tego, czekaliśmy i czekaliśmy, i czekaliśmy.

Mama kołysała Jacoba, Stanley siedział na kolanach ojca. Ja siedziałem na podłodze, oparłem głowę na kolanie.

Koło ósmej wieczorem usłyszeliśmy pukanie do drzwi. Mama i bracia pobiegli do sypialni, Papa otworzył drzwi. Za nimi stał członek specjalnej polskiej policji. Kazał nam iść do piwnicy budynku. To tyle.

Mój ojciec i macocha zgarnęli nas razem, wpychając nam w ręce koce, jedzenie i inne drobnostki. Mama szlochała cicho, kiedy zabierała kilka rzeczy i spojrzała po raz ostatni na nasze mieszkanie. Wiedziała, że więcej mogła nie zobaczyć swoich skarbów.

Niosąc możliwie najmniej, ruszyliśmy w stronę piwnicy, żeby dołączyć do wielu innych rodzin, które już się tam schowały. Otrzymaliśmy tylko rozkaz ewakuacji. Żadnych innych informacji.

Znałem tę piwnicę. Często z chłopakami zaglądaliśmy do niej przez małą szparę. To było okropne miejsce i miałem ciarki na myśl o tym, że będziemy w niej uwięzieni, ale nic nie powiedziałem.

Doszliśmy do piwnicy, która bardzo szybko się zapełniała. Rozpoznałem niektóre twarze, ale większość z nich była mi nieznana. Nikt nie próbował utrzymać rodzin razem. Jeden policjant próbował wprowadzić jakiś porządek.

Kiedy czekaliśmy, rozglądałem się po tym smutnym miejscu. Zauważyłem, że biegały tam wielkie szczury. Nie było podłogi, tylko ziemia. Bardziej to przypominało dołek. Kiedy te myśli biegały mi po głowie, przyszła moja kolej, żeby przecisnąć się przez małą szparę. Kiedy udało mi się dostać do piwnicy, Papa złapał mnie i pomógł mi wstać.

— Chodź ze mną, Mendel. Mama i chłopcy są tuż za rogiem — powiedział.

Kiedy ruszyliśmy w ich kierunku, zgubiliśmy się w ciemnościach, wśród popychania i zdezorientowania. Znaleźliśmy się po drugiej stronie dołka. Próbowaliśmy się przecisnąć po ziemi, ale nie udało się nam. W końcu Papa w desperacji zdecydował, że powinniśmy poczekać do ranka i w świetle dnia wrócić do reszty rodziny.

Cóż to był za przerażony, spłakany tłum! I jaki niewinny! Nigdy nie zapomnę tych ludzi. Większość z nas musiała stać, tak było tłoczno. Nie było świeżego powietrza i czułem się tak, jakbym zaraz miał się udusić. W ciemnościach wszystko wyglądało dużo straszniej, a ja modliłem się, żeby był już ranek. Wszystko to wśród odgłosów bomb. Po każdym uderzeniu na chwilę zapadała martwa cisza. Potem zaczynały się krzyki, szlochy i jęki.

Wcześnie rano, o świcie, do piwnicy przedarł się promyk światła. Uświadomiłem sobie, jak żałosna była nasza sytuacja. Szczury się na nas gapiły złośliwymi oczami z wyszczerzonymi zębami gotowymi do ataku. Naruszyliśmy ich terytorium. Do dzisiaj, kiedy zamknę oczy, słyszę krzyki niemowląt i dzieci. Płakały nie tylko z głodu, ale i z przerażenia. Tych krzyków było najtrudniej słuchać.

Wszyscy ruszyli do wyjścia, ale to skutkowało tylko krzyczącym i pchającym się tłumem. Nikt już nie pamiętał o rodzinie i przyjaciołach. Każdy myślał tylko o jednym: o przetrwaniu. Mój ojciec w końcu przedarł się przez morze ludzi do Mamy, Stanleya i Jacoba.

Samopoczucia pogarszały się wraz z mijającymi godzinami, a my baliśmy się kolejnej nocy. Patrzyłem, jak pobożni Żydzi próbowali znaleźć wystarczająco światła przy szparach, żeby czytać Torę i modlitewniki. Pamiętam jednego mężczyznę, sąsiedzi często o nim plotkowali. Był ateistą. Mimo to dołączył do modłów, chciał pożyczyć modlitewnik i poświęcał czas na czytanie Tory. Niezbadane są wyroki Boga i nieznane jego drogi. Pomyślałem, że oto dzieje się cud.

Każda osoba przyniosła ze sobą do piwnicy kilka drobnostek: książkę, Torę, zdjęcia, a może i list od krewnych czy przyjaciela. Ten dobytek stał się bardzo cenny, bo był jedynym, co łączyło ludzi z ich dawnym życiem.

Próbowano wprowadzić jakiś porządek wśród tej nieszczęśliwej masy ludzi, więc wybrano przywódcę i dwóch chłopców na posyłki. Padło na mnie i innego chłopaka w moim wieku. Jednym z naszych zadań było przyniesienie wody do picia do piwnicy. Musieliśmy być bardzo ostrożni, kiedy wykradaliśmy się z budynku, bo bomby wciąż spadały. A poza tym, gdyby Niemcy odkryli, że wciąż mamy wodę pitną, wysadziliby jej źródło. W dziurawych wiadrach przynieśliśmy mętną ciecz. Brud po chwili opadał, a wtedy mogliśmy odlać z góry wodę. Lepsze to niż nic. Przynajmniej pozwalała nam nie umrzeć z pragnienia i nawilżała nam usta, więc mogliśmy rozmawiać. Co nam szkodziło trochę brudu? Ludzie ustawiali się w kolejkach z kubkami, a wodę racjonowano: pół kubka na osobę.

Trzeba też było zorganizować toaletę. W kącie piwnicy postawiono kilka wiader, z których każdy mógł skorzystać. Smród był nie do zniesienia, wielu ludzi nie mogło sobie z nim poradzić. Ciągle ktoś wymiotował, co tylko pogarszało sprawę.

Trzeciej nocy naszego wymuszonego pobytu w piwnicy zauważyłem szczupłą dziewczynę skuloną w ciemnym kącie. Głowę miała schowaną w kolanach. Spytałem, czy chciała trochę wody.

Wyciągnęła rękę, żeby wziąć kubek, i wtedy rozpoznałem jej piękną twarz. Pochyliłem się, żeby zobaczyć, czy ta wystraszona dziewczynka z rozczochranymi włosami i brudną buzią naprawdę było moją Ewą. Podsunąłem kubek z wodą do jej ust i patrzyłem w jej oczy, kiedy powoli piła. Była otumaniona, ale poznała mnie i kiedy jej pomagałem, łzy spływały po jej twarzy.

— Poszedłem do twojego domu, szukałem cię — wyszeptałem do niej.

Nalałem jej więcej wody i zawołałem kogoś, kto zająłby się za mnie rozlewaniem racji. Zaprowadziłem ją do mojej rodziny. Zawzięcie chciałem się nią zaopiekować. Dużo myślałem o Ewie, ale byłem spokojny, sądząc, że opiekują się nią rodzice.

Kiedy popijała brudną ciecz, marzyłem, żeby dać jej szklankę zimnej, czystej wody. Żadnych kwiatów, cukierków, podarunków, tylko szklanka zimnej i czystej wody.

Papa zrobił dla nas trochę miejsca, więc mogliśmy usiąść z wyprostowanymi nogami, bardzo blisko siebie. Czułem jej ciało obok mojego, nasze ramiona się dotykały, co wypełniło mnie szczęściem, jakiego wcześniej nie znałem.

Pomimo tych okoliczności, cieszyłem się, że siedziałem obok Ewy. Wydawało mi się, że byliśmy razem na bezludnej wyspie i prawie nie zwracałem uwagi na to, co działo się dookoła. Byłem pochłonięty jej obecnością, a przynajmniej tak mi się wydawało. Mówiłem bez wahania, myśląc, że naprawdę byliśmy razem. Może mogę jakoś jej pomóc, pomóc jej znaleźć rodziców albo chociaż pomóc jej przetrwać. Może jest przed nami jakaś przyszłość? Tak, przyszłość! Trzymałem w rękach jej małą dłoń i lekko ją uścisnąłem. Czy Ewa też się tak czuła?

Moje usta były spierzchnięte, kiedy pytałem, czy chce, żebym przy niej został i się nią zaopiekował. Czy dzieliła moje uczucia? Jeszcze trochę, a wszystko bym jej wyznał, ale Ewa przerwała moje myśli.

— O, Mendel, było tak okropnie! Moja matka i ojciec nie mieli pojęcia, że coś takiego się stanie. Poszli do sąsiadów, żeby się czegoś dowiedzieć i zapytać, czy mogą coś zorganizować. I nagle weszli żołnierze. Błagałam, żeby mi pozwolili pójść do rodziców, ale mi nie pozwolili, więc uciekłam. Gonili za mną aż do twojego domu, schowałam się w piwnicy.

Znowu zaczęła szlochać.

Objąłem ją i delikatnie pogłaskałem jej ramię.

— Nie płacz, Ewo. Wyjdziemy stąd i znajdę ci twoich rodziców. Wiem, że pewnie za nimi tęsknisz. Ale proszę, Ewo, spróbuj nie płakać. Pochorujesz się. Mój ojciec też nam pomoże, przynajmniej moja rodzina się tobą zaopiekuje.

— Wiem, Mendel, ale chcę do mamy i ty.

Trzymałem ją w ramionach przez całą noc. Moja biedna Ewa! Ja chociaż miałem swoją rodzinę...

Tamtej nocy doświadczyłem kolejnego nowego uczucia: nienawiści. Wcześniej nie wiedziałem, co to znaczy nienawidzić i jeszcze nie nauczyłem się w pełni, co to oznaczało.

Ewa w końcu przestała płakać i zasnęła w moich ramionach. Wiedziałem, że to, co czułem, to była miłość, kiedy moje ręce zaczęły boleć, a ja wolałem to, niż wypuścić ją z objęć. Im dłużej spała, tym lepiej.

Senne zapomnienie było lepsze niż koszmary piwnicy.

Wciąż było słychać głuche odgłosy bomb. Ciągle myślałem, że następna będzie naszą zagładą, ale noc mijała, a los nas oszczędził. Tylko na co nas oszczędził? Dobrze, że wtedy jeszcze nie wiedzieliśmy. Nasze serca były pełne przerażenia, kiedy czekaliśmy na pewną śmierć. Setki nieumytych ciał ocierało się o siebie, czekaliśmy. Łzy i jęki podpowiadały mi, że musiało to być piekło. Nigdy bym nie pomyślał, że to, co wtedy przeżyliśmy, w porównaniu do tego, co nam dane było jeszcze przeżyć, będzie dla mnie łatwe.

Wciąż było słychać głuche odgłosy bomb. Ciągle myślałem, że następna będzie naszą zagładą, ale noc mijała, a los nas oszczędził. Tylko na co nas oszczędził? Dobrze, że wtedy jeszcze nie wiedzieliśmy. Nasze serca były pełne przerażenia, kiedy czekaliśmy na pewną śmierć. Setki nieumytych ciał ocierało się o siebie, czekaliśmy. Łzy i jęki podpowiadały mi, że musiało to być piekło. Nigdy bym nie pomyślał, że to, co wtedy przeżyliśmy, w porównaniu do tego, co nam dane było jeszcze przeżyć, będzie dla mnie łatwe.

Mój serdeczny przyjaciel, Iztrock, też był w piwnicy razem ze swoją matką i ojcem, którzy pozbierali jedzenie z restauracji i porozdawali je przyjaciołom, sąsiadom, nieznajomym. Jedzenie przynosili w porcjach, bo bomby często spadały i niebezpiecznie było wychodzić na ulicę. Ale setce głodnym ludziom ich przesyłki nie wystarczały na długo. Pod koniec drugiego dnia już nic nie zostało i wtedy wszyscy zadecydowali, że jedzenie będzie rzadziej rozdawane.

Z głodem przyszedł gniew i desperacja.

Kurczowo trzymaliśmy się życia ze wszystkich naszych sił, nie wiedząc, czego się spodziewać. Żyliśmy z dnia na dzień i modliliśmy się o szybki koniec tego szaleństwa. Pamiętam, że podsłuchałem rozmowę starszych, którzy mówili, że woleliby wyjść z tego piekła i spróbować sił poza piwnicą, ale odwaga opuszczała ich w ostatniej chwili i zostawali z nami. Przeżyć, tylko to się liczyło.

W końcu piątego dnia koło piątej po południu na motocyklach przyjechał patrol policji. Słyszeliśmy hałas ich silników, kiedy nagle się zatrzymali. To byli niemieccy naziści, prawdziwy wróg Żydów.

Przyszedł rozkaz i mieliśmy opuścić piwnicę, to miejsce, które było dla nas schronieniem przez pięć dni i nocy. Ludzie ruszyli do wyjścia, żeby w końcu znowu móc zobaczyć światło dnia i oddychać świeżym powietrzem.

Poprowadziłem Ewę na zewnątrz i czuło pocałowałem ją w policzek. Patrzyła na mnie przez moment swoimi pięknymi oczami, a potem wyrwała się i pobiegła w stronę swojego domu i rodziców. A ja stałem i patrzyłem za nią, dopóki nie zniknęła mi z oczu.

Kiedy ludzie wychodzili z piwnicy, wielu zachowywało się jak dzikie zwierzęta, które były zamknięte w klatkach. Deptali po sobie, popychali się, kopali, a krzyki cierpienia mieszkały się z krzykami ulgi.

Po raz pierwszy stanęliśmy twarzą w twarz z naszym wrogiem. Nie mogłem uwierzyć, że wśród tych Niemców było kilka znajomych mi twarzy. To ci sami ludzie, których poznałem na targach, i rolnicy, którzy byli dla nas tak dobrzy. To oni zapraszali nas do swoich domów, dzielili się jedzeniem, byli naszymi przyjaciółmi. A teraz widziałem ich z opaskami ze swastyką na rękach, patrzyli na mnie z nienawiścią w oczach. Dlaczego? Wtedy też po raz pierwszy widziałem broń.

Wielkie, czarne czołgi, załoga Niemców ubranych w ciemne koszule i czerwone opaski ze swastykami, duże, zielone ciężarówki wypełnione niemieckimi żołnierzami z karabinami i konwój policjantów na motocyklach robiących hałas na drugim końcu ulicy.

Sam hałas był przerażający i zorientowałem się, że się trząsłem. Wydawało się, że to trwało wiecznie. Nie miałem jeszcze trzynastu lat, już nie byłem chłopcem, ale do mężczyzny też mi było daleko.

Na ulicy poustawiały się szeregi ludzi obserwujących paradę czołgów. Pomyślałem, że niemiecki rząd musiał wysłać wszystkich swoich żołnierzy i całe opancerzenie do naszego miasta, żeby pokazać nam, że jeśli nie pozwolimy im na brutalność i poniżanie, zgniotą nas jak robaki.

Moje myśli zostały przerwane, kiedy parada się zatrzymała. Z szybko bijącym sercem zastanawiałem się, co się teraz stanie. Moim pierwszym impulsem było pobiec do domu. Ale z tyloma ludźmi dookoła mnie, jakoś czułem się bezpiecznie. Zostałem, żeby zobaczyć, co się stanie.

Przemysłowa dzielnica naszego miasta miała kilka ulic, na jednej z nich był budynek, w którym mieszkałem z rodzicami. Od pięciu dni, od kiedy handlarze z rodzinami musieli się skryć, wszystkie sklepy były zamknięte.

Zaczęło się plądrowanie.

Żołnierze porzucili swoją broń i zaczęli włamywać się do sklepów i biur. Wybili szyby i drzwi, te same, przez które niedawno jeszcze zaglądałem ze Stanleyem. Zabrali cały towar, który właściciele porzucili, kiedy uciekli ratować życie.

Patrzyłem, jak wynoszą pakunki i pudełka, i wracają do swoich ciężarówek, szydząc z nas i pytając „I co teraz zrobicie?". Odpowiedź była prosta: nic.

Staliśmy bezradnie.

Kiedy żołnierze skończyli grabież i nie było ich już dłużej widać, poniżeni Żydzi wrócili do swoich domów.

Szedłem w stronę mojego budynku i powoli odwróciłem się, żeby po raz ostatni spojrzeć na wybite szyby sklepów, tam, gdzie kiedyś były piękne sukienki, cudne futra, błyszcząca biżuteria, ubranka dla dzieci, buty. Księgarnie też były w ruinach. Książki leżały na ulicach, rozjechane przez czołgi. Niektórzy żołnierze wylali naftę na mięso, rozgniecione warzywa i owoce. Niemieccy żołnierze pilnowali wejść do sklepów, żeby ich właściciele nie mogli uratować żadnego towaru. Kiedy szedłem do mieszkania, próbowałem nie płakać. Ileż mógł wytrzymać trzynastoletni chłopak? Ale w kolejnych latach dowiedziałem się, że ludzki umysł i ciało może wytrzymać najgorsze męki. Szedłem do domu w zamyśleniu.

Powoli uświadamiałem sobie, że ta demolka pozbawiła nas wszystkich interesów. Nie będzie pracy ani pieniędzy. Odebrali naszą wolność, możliwość zarobku, godność. Nasze życia będą kolejne.

Uważałem, że Żydzi byli najlepszymi sprzedawcami na świecie. Wydawało się, że każdy Żyd miał handel w genach. Ale nigdzie nie można było kupić żadnego towaru, narzędzi, ani nawet jedzenia.

— O Boże, co się z nami stanie? — płakałem do siebie.

Kiedy dotarłem do domu, nie musiałem mówić rodzicom, co widziałem. Oni sami obserwowali żołnierzy zza okna i byli zasmuceni. Oboje byli bladzi i trzęśli się ze strachu, bo nie wiedzieli, czego się spodziewać.

Te nazistowskie potwory nie skończyły jeszcze z naszym miasteczkiem. Czekało na nas dużo więcej koszmarów.

Mama próbowała nas pocieszyć ciepłym posiłkiem, który równie dobrze mógł być naszym ostatnim. Tego wieczoru niewiele rozmawialiśmy przy stole.

Cisza została przerwana przez ojca, który powiedział, że pozbawieni środków do życia zdani jesteśmy na ich łaskę.

Mrożący krew w żyłach krzyk sprawił, że podskoczyłem w krześle.

Podbiegliśmy do okna i staliśmy się świadkami najbardziej

brutalnego i okrutnego czynu, jaki kiedykolwiek można było zobaczyć. Zrobiło mi się niedobrze, kiedy widziałem młode Polki ze związanymi, rozszerzonymi nogami, ciałami odsłoniętymi w najbardziej uwłaczający i poniżający sposób. Żołnierze gwałcili, kaleczyli i poddawali je niewiarygodnym aktom sadystycznej tortury.

Trochę wiedziałem o miłości i seksie, bo Papa ze mną o tym rozmawiał. Ale to nie było ani piękne, ani czułe. To było dzikie i przerażające.

Kilka ciężarówek powoli jeździło po ulicach, wożąc histerycznie płaczące nastolatki. Ci mężczyźni byli w każdym wieku i zachowywali się jak zwierzęta. Widziałem na ich twarzach żądzę, a na twarzach dziewczyn cierpienie i przerażenie. Kiedy żołnierze już zmaltretowali i wykorzystali te młode kobiety, wylewali na swoje bezsilne ofiary brandy, wyrzucali je na ulice. W rozdartych ubraniach, z wykorzystanymi ciałami, zostawione były na śmierć.

Nie umiem znaleźć słów, żeby opisać, co czułem, kiedy widziałem te obrzydliwe akty terroryzmu.

Ulice były zabłocone od niedawnych deszczy i wszędzie było dużo kałuż. Między nimi leżały niewinne ofiary. Jęczały, płakały albo były martwe.

W duchu myślałem, że chyba lepiej było tym dziewczynom umrzeć, niż żyć z takim okropnym wspomnieniem.

Tamtej nocy leżałem w łóżku, nie mogąc zasnąć, za bardzo bałem się spać. Minuty wydawały mi się godzinami. Jeśli udało mi się pogrążyć we śnie, budziłem się z krzykiem i za każdym razem Papa przychodził mnie uspokoić.

— Spróbuj zasnąć, Mendel, jutro jest kolejny dzień. W ostatnich dniach już chyba wystarczająco wycierpieliśmy — powiedział mi Papa.

Bardzo się mylił. To był dopiero początek.

Następnego dnia odkryliśmy, że jeszcze tak naprawdę nie odczuliśmy ani części gniewu nazistów. Przyjechały oddziały SS, w swoich czarnych mundurach z czaszkami na czapkach. Jak stosownie, skoro ich głównym celem było zabicie Żydów.

Podczas ich pierwszej godziny pobytu w mieście, zgodnie z

rozkazami jakiegoś szaleńca, zaczęli wyłapywać i zabijać ludzi. Najpierw zabrali się za wybitniejszych członków naszej społeczności, rabinów, nauczycieli, intelektualistów i każdego silniejszego mężczyznę. Wiedzieli, że trudno będzie się nam zorganizować bez przywódcy i że prawdopodobnie nie będziemy się opierać.

Bez żadnego powodu nasze autorytety były skazane na śmierć, zastrzelone na oczach rodzin. W języku niemieckim nie było słowa „sprawiedliwość", a przynajmniej nie znali go nazistowscy dowódcy. Nie znali go w żadnym języku.

Zgładzono wielu chorowitych, słabszych, starszych. Naziści uważali Żydów za gorszych ludzi, nadających się tylko do wyrzucenia jak śmieci.

Z nieznanych powodów zlitowali się na kilkoma rabinami. Może, według ich sadystycznej logiki, to dlatego, że przed śmiercią zasługiwali na tortury? W pewnym momencie ci bogobojni mężczyźni byli łapani i przytrzymywani. Wylewano im na brody benzynę i podpalano ich. Naziści patrzyli się i uśmiechali, kiedy ci Bogu oddani mężczyźni cierpieli agonie. Niektórzy z nich spłonęli na śmierć, inni leżeli na ulicach i umierali w okropnych męczarniach. W niektórych przypadkach na koniec strzelano im w głowy i zostawiano ich tam, gdzie upadli.

Dnie i noce były wypełnione niekończącą się paniką.

Martwe ciała leżały na ulicach, przykryte były dużymi arkuszami papieru. Po ulicach włóczyły się rodziny, szukając zagubionych synów, ojców, córek, matek. Podnosili róg papieru, kiwali głowami z żalem i ruszali do kolejnych ciał. Jedyne, co chcieli, to dowiedzieć się o losie ukochanych.

Nigdy nie zapomnę dnia, w którym grupa niemieckich żołnierzy zdecydowała się wyłapać dla zabawy grupę żydowskich chłopców i dziewczyn. Z roztrzaskanych butelek stworzyli kopiec, do szkła dodali małe, ostre gwoździe. Zgarnęli dzieci jak bydło, a potem, ciągle mając je na muszce, zmuszali je do tańczenia na bosaka na tym parkiecie tortury albo do wykonywania na sobie różnych aktów seksualnych. Kiedy ich już to więcej nie bawiło, strzelali do dzieci.

Niewielu ludzi wychodziło na ulice. Sparaliżowani byliśmy strachem. Ale to uczucie bezpieczeństwa, które mieliśmy, będąc w domach, było fałszywe.

Zamykaliśmy się na noc i kuliliśmy się razem, ciągle zastanawiając się nad tym, kiedy przyjdą nas zabić.

Bałem się spać. Często budziłem się zalany potem, trzęsąc się z przerażenia. Nie można było się zrelaksować, nawet we śnie nie można było odpocząć. Przed moimi oczami nieustannie pojawiały się obrazy okrucieństw, które widziałem.

Raz po raz wracałem do pytania „dlaczego?" i „jak świat mógł na to pozwolić?".

Myślałem o moim ulubionym rabinie, którego torturowano i zamordowano. Był moim nauczycielem w żydowskiej szkole i wiele się od niego dowiedziałem. Prawie na pamięć znałem Stary Testament i dobrze rozumiałem Torę. Dawał z siebie wszystko, nie tylko w czasie lekcji religii, ale też uczył nas, jak się zachowywać, jak wyrosnąć na dobrych Żydów i jak kierować się złotą zasadą, żeby nie robić drugiemu, co tobie niemiłe. Całe swoje życie poświęcił nauczaniu, a teraz wszystko się skończyło. I znów się zastanawiałem: dlaczego?

— Miej, Boże, litość nad jego duszą i duszami naszych wszystkich niewinnych ludzi, którzy znaleźli się w zbrodniczych i krwawych rękach nazistów — modliłem się.

Każdego ranka spływała na nas świadomość, że znowu będziemy cierpieć okropności, że pojawi się nowa propaganda i nowe przerażenie. Trzymaliśmy się razem w nadziei, że przetrwamy następny dzień. Z każdą mijającą godziną dowiadywaliśmy się o zabójstwie kolejnej rodziny. Byłem pewien, że wkrótce przyjdzie nasza kolej, żeby umrzeć. Kiedyś byłem szczęśliwym, beztroskim młodzieńcem, ale zmieniłem się w zgorzkniałego i zrzędliwego młodego mężczyznę. Chciałem tylko jednego: zemścić się na tych niemieckich tyranach.

Byliśmy bliscy śmierci z głodu, a moja rodzina z trzema rosnącymi chłopakami zmuszona była przeżyć dzięki połowie bochenka chleba i puszce zupy na dzień.

Stanley miał prawie dwanaście lat, a mały Jacob sześć. Jutro mogło nigdy nie nadejść, więc nie oszczędzaliśmy chleba na kolejny dzień. Bo kolejnego dnia mogli nas zabrać i zabić.

Stałem w kolejce po trzy albo cztery godziny, czekając, aż dostanę naszą porcję chleba z piekarni, której Niemcy pozwolili działać. Kolejka szła wolno i była moja kolej akurat wtedy, kiedy zamykali okienko.

— Już dzisiaj nie ma ani chleba, ani zupy, przyjdź jutro.

Jeszcze jeden dzień bez jedzenia, więc może za niedługo będę zbyt słaby, żeby stać w kolejce. Mówili, że Niemcy nie dali więcej mąki na chleb, zupy też już nie było. Kazano nam się rozejść i iść do domów. Tyrani nie chcieli, żeby ludzie spoza getta zauważyli kolejki po racje.

Ich brak człowieczeństwa miał być tajemnicą dla reszty świata. Były momenty, w których ciężarówki Czerwonego Krzyża wypełnione pieczywem przyjeżdżały do getta. Rozdawali bochenki Żydom i robili im zdjęcie, żeby pokazać wszystkim, jak dobrze byli traktowani. Kiedy skończyli fotografować, chleby były nam zabierane i układane z powrotem w ciężarówkach. Obłudna propaganda. Nie mogliśmy zrobić nic, żeby prawda wyszła na jaw.

W getcie zamontowano głośniki, przez które przez całe dnie nadawano nazistowskie rozkazy i groźby. Ciągle słychać było gardłowe głosy niosące śmiertelne wiadomości. Oprócz tego, wokół dzielnicy, którą zamieszkiwało blisko trzydzieści tysięcy Żydów, postawiono ogrodzenie z drutu, a każdego przejścia strzegli esesmani. Jak bardzo marzyłem o chociaż jednej godzinie całkowitej ciszy!

Pewnego dnia słyszeliśmy, że celem stworzenia getta było utrzymanie jak największej liczby Żydów w jak najmniejszej, zamkniętej przestrzeni, żeby można było bez ostrzeżenia ją podpalić i spalić wszystkich w środku. Moja nienawiść rosła.

Rozpoczął się exodus.

Krewni, przyjaciele i sąsiedzi zaczęli znikać. Słyszeliśmy, że jedni byli zabierani do innych gett, a reszta do więzień.

To wtedy zaczęło się cogodzinne wysyłanie ludzi do komór gazowych na szybką zagładę. Rodziny były rozdzielane, a w ich miejsce do getta przywożono nieznajomych, którzy utrzymywali populacje w przetłoczonych mieszkaniach. Działy się straszliwe rzeczy, ale my chociaż byliśmy razem i mieliśmy prywatność we własnym domu. Za zamkniętymi drzwiami rozmawialiśmy o tym, co ciążyło nam na sercach. Jeszcze mogliśmy jeść i spać, kiedy chcieliśmy, ale za niedługo i to nam odebrano.

Sprawdzali, ile osób mieszka w każdym mieszkaniu, a potem w naszych małych trzech pokojach, w których byliśmy w pięcioro, mieszkało szesnaście osób. Najpierw dzieliła z nami mieszkanie młoda para z jednorocznym dzieckiem, małą dziewczynką, którą dobrze pamiętam. Była takim pięknym niemowlakiem, ale prawie nieustannie płakała. Uświadomiłem sobie, że dzieci płaczą, kiedy są głodne. Dziwne mi się to wydawało, skoro cała rodzina wyglądała na całkiem bogatych. Wyglądali jak ludzie z innej planety. Na twarzach mieli zdrowy rumieniec, na kościach trochę tłuszczu. Wkrótce dowiedzieliśmy się dlaczego.

Ukrywali się u katolickiej rodziny w innej części Radomia, poza gettem. Kiedy zobaczyli na ulicach plakaty obiecujące nagrodę dla każdego, kto wyda ukrywających się Żydów, wiedzieli, że nie mogą dłużej narażać życia tych, którzy im pomagali. Zdecydowali się sami oddać się w ręce Gestapo. Poszli pod bramę getta, poprosili o schronienie i zostali przyjęci bez zbędnych pytań. Niemcy nie zwracali uwagi na to, skąd przyszli. Oto kolejni Żydzi złapani, trzech więcej do zabicia.

Nagrodą za wydanie Żydów była butelka wódki i kilo cukru. Tyle byliśmy wtedy warci. Nagroda szybko zmieniła się w karę śmierci dla każdego, kto ukrywał Żydów.

Potem z przedmieść Radomia przyszła pięcioosobowa rodzina. Mieli troje dzieci, dwóch synków w wieku czterech i sześciu lat, i małą dziewczynkę, jeszcze niemowlaczka. Byli z nami sześć tygodni, a potem zabrali ich i wysłali nie wiadomo gdzie. Nigdy więcej ich nie widzieliśmy.

I tak dalej. Jak tylko pozbyli się jednej rodziny, na jej miejsce przychodziła kolejna. Wydawało się, że kiedy już kogoś lepiej poznawaliśmy, Niemcy nas rozdzielali i musieliśmy na nowo zaczynać żyć z kolejnymi nieznajomymi.

Kłóciliśmy się o to, jak będziemy spać i kto będzie sprzątał.

Niektórzy przychodzili obłąkani ze strachu i głodu, a że byli zdesperowani, okradali innych w mieszkaniu z dobytku i jedzenia. Sprzeczki się nie kończyły. Głód, niepokój, strach, płacz były zawsze z nami. Nieustannie musieliśmy się wysilać, żeby po prostu przetrwać.

Dzień, w którym mój przyjaciel Itzrock i jego rodzice zniknęli, był dla mnie bardzo smutny.

Jednego dnia razem rozmawialiśmy, a kolejnego już go nie było. Niemieccy żołnierze przyszli do ich pokoju w środku nocy, a rano dowiedzieliśmy się, że Itzrock został wysłany do jednego getta, a jego rodzice do drugiego. Czy nie wystarczająco wycierpieli? Naziści zniszczyli i zamknęli ich restaurację, zabrali im dobytek, a teraz jeszcze wprowadzali do ich pustego domu nieznane rodziny z innych regionów Polski.

Mogę sobie tylko wyobrazić, jak ciężko było Itzrockowi rozstać się z matką i ojcem. To on był powodem, dla którego jego rodzice tak długo żyli. Jakie okrucieństwo!

Mój ojciec później usłyszał od kogoś zaufanego, że matka i ojciec Iztrocka zostali wysłani do komory gazowej. Moje serce cierpiało razem z Itzrockiem, teraz tak samotnym na świecie.

Kiedy pewnego popołudnia duże, zielone ciężarówki przyjechały do getta, byłem pewny, że z nami koniec. Bez skrupułów niemieccy żołnierze zapędzili Żydów do aut i wozili nas dookoła miasta. Mieliśmy sprzątać. Kobiety były zmuszone ściągnąć bieliznę i używać jej jako szmat do wyczyszczenia toalet i powycierania krwawych śladów po strzelaninach. Te niemieckie potwory zadawały cierpienie wszędzie tam, gdzie tylko mogły. Starzy Żydzi z długimi brodami stali się celem ich diabelskich pomysłów.

Wyobraź sobie, jeśli potrafisz, starego mężczyznę z brodą obciętą z jednej strony. Ogolona twarz była pomalowana na jaskrawe kolory, farbę wylali też na jego ubrania. Zmuszony był chodzić tam i z powrotem po ulicy. Ale to tylko jeden z przykładów na to, co nam robili Niemcy.

Zbuntować się przeciwko nazistom oznaczało pewną śmierć.

Pamiętam, że jeden z plakatów przybitych do budynków w

mieście nakazywał wszystkim Żydom nosić opaskę z Gwiazdą Dawida albo żółtą naszywkę na ubraniach.

Żółty uważano za kolor tchórzostwa, ale my nie byliśmy tchórzami. Nie mogliśmy z nimi walczyć. Nie mieliśmy żadnej broni ani umiejętności. Zawsze żyliśmy w pokoju, więc kiedy przyszli Niemcy, jedyne, co mogliśmy, to przetrwać.

Stanley i ja dojrzeliśmy w ciągu jednej nocy, wydawało mi się, że w ogóle nie pamiętałem swojego dzieciństwa. Nasze serca twardniały z każdym miesiącem, z każdym rokiem. Nasza szczęśliwa młodość zniknęła i już nigdy nie wróciła.

---

Pewnego mroźnego, listopadowego dnia przez głośniki wydano rozkaz, że każdy żydowski mężczyzna w wieku od osiemnastu do czterdziestu lat miał się zgłosić przy głównej bramie getta. Stamtąd wywozili ich gdzieś do pracy. Nikt o nic nie pytał. Jeśli ktoś wyglądał na osiemnaście lat, też go zabierali.

Po getcie chodziła plotka, że ci mężczyźni dostawali dodatkową porcję jedzenia za pracę, a skoro byłem całkiem rosły jak na swój wiek, postanowiłem spróbować swojego szczęścia i może przynieść rodzinie więcej jedzenia. O tamtej porze roku temperatury schodziły poniżej zera.

W drodze do pracy mieliśmy wybór między śpiewaniem piosenek albo dostaniem w głowę skórzanym pasem. Moja pierwsza robota była na lotnisku, z którego przed wojną korzystały Polskie Siły Powietrzne. Było to ogromne, białe pole, pokryte metrem śniegu, a więc niezdatne do użytku.

Niemieccy oficerowie krzyczeli na nas, żebyśmy ustawili się w pięciu szeregach. Potem kazali nam tańczyć i zabawiać tych sadystów. W końcu inny oficer, którego nigdy nie zapomnę, powiedział nam, co mieliśmy zrobić. Był grubawym mężczyzną z dużym brzuchem i podwójnym podbródkiem. Wyglądał na najedzonego, co było dla mnie wstrętne, kiedy tysiące ludzi umierało z głodu. Miał okrutne, zmrużone oczy. Myślałem o niesprawiedliwości: to my, ludzie bez jedzenia, musieliśmy słuchać rozkazów grubego, aroganckiego Niemca. Co z zasadą, żeby drugiemu nie czynić, co tobie niemiłe? Czy wszystko, czego mnie uczyli, było kłamstwem?

— Mam dla was poważną robotę — krzyczał. — Jak widzicie, Rzesza Niemiecka ma wiele samolotów, ale nie można nimi nigdzie wylądować przez ten śnieg. Skoro nie mamy tutaj żadnych maszyn, wy możecie cieszyć się dniem tańczenia i chodzenia po nim. Ugniećcie śnieg, żeby był twardy i równy. Jest siódma, ja idę na śniadanie do dziewczyny. Zostawiam was w rękach moich towarzyszy. Zabicie jednego albo wszystkich z was to dla nich to samo, co dla Chińczyka zjedzenie miski ryżu. Wrócę wieczorem i oczekuję, że z lotniska będzie można znowu korzystać. Za pracę dostaniecie miskę zupy. Macie wykonać dobrą robotę w zamian za jedzenie Rzeszy.

Każde słowo wyryło mi się w pamięci, tak samo jak nienawiść, którą czułem.

Trzysta pięćdziesiąt mężczyzn i chłopców rozeszło się po polu i godzina po godzinie tańczyliśmy, tupaliśmy, ugniataliśmy śnieg, powoli posuwając się do przodu. Dla mnie, dla młodego i silnego chłopaka, praca fizyczna nie było najgorsza, ale nie umiałem zebrać myśli.

To państwo, do którego nauczony byłem odnosić się z wielkim szacunkiem, tak mnie traktowało. Niemcy mieli zdolnych naukowców. Ich muzycy i kompozytorzy byli jednymi z najbardziej utalentowanych na świecie, a niemieckie szkoły i uniwersytety były najlepsze. Jak, na Boga, mogło się coś takiego stać? Nie umiałem tego zrozumieć.

Tego dnia padło wiele ofiar. Mężczyźni, którzy mdleli z głodu albo wycieńczenia, byli skopywani na bok i pozostawiani na śmierć. Jeśli przetrwali mróz, zabrano ich z nami do getta. Niektórych bito bez powodu. Nosy były łamane, ramiona powybijane, dwóch Żydów zbito na śmierć z nieznanego powodu.

Udało się nam przetrwać pierwszy dzień, ale byliśmy zmęczeni, zmarznięci na kość i pozbawieni złudzeń już po pierwszym dniu pracy pod niemiecką okupacją.

Było ciemno i padał śnieg, kiedy jechaliśmy z powrotem do

getta. Cisza była ogłuszająca. Zmęczeni i głodni, myśleliśmy tylko o swoich rodzinach i ukochanych. Ilu z nich ci niemieccy zdobywcy zamordowali, kiedy nas nie było, ilu z nich pobili, ile młodych i nawet starszych kobiet zgwałcili, ilu torturowali?

— O Boże, pomóż nam — modliłem się. — Usłysz moje wołanie, Boże. Zaopiekuj się swoimi dziećmi Izraela. Z końca świata będę wołał do ciebie o pomoc. Pomóż nam, bo oto nastąpił koniec świata.

Byliśmy zdziwieni i odetchnęliśmy z ulgą, kiedy zobaczyliśmy swoich krewnych, przyjaciół, rodziny czekające na nasz powrót. To był dzień pełen nerwów dla wszystkich. Oni też nie wiedzieli, czy wrócimy, czy zabrali nas na dobre, może nawet do komór gazowych. Szybko nauczyliśmy się, że nie mogliśmy ufać nazistom.

Widziałem, jak ich twarze pogodnieją, kiedy wychodziliśmy z ciężarówek.

Mój ojciec i bracia czekali na mnie.

— Jak było, Mendel, jak ci poszło? Dostałeś coś do jedzenia?

— Dostaliśmy zupę, Papo, nie było tak źle.

*Po co dodatkowo go martwić*, pomyślałem i oszczędziłem mu szczegółów.

Papa sprawdził, czy nie byłem ranny albo pobity, a potem mnie uścisnął. Szliśmy przez kilka ulic do domu, nie rozmawiając za wiele, a potem Stanley zapytał, czy następnym razem może iść ze mną. Po kolacji z zupy i chleba z ulgą zasnąłem.

Dni mijały. Rozdzielano coraz więcej rodzin, w getcie już prawie nie było żadnej kompletnej rodziny oprócz naszej. Szczęście się jeszcze nas trzymało, ale wyglądało na to, że naziści całkowicie oszaleli na punkcie wyniszczenia europejskich Żydów.

Wydział Śmierci był bardzo zajęty. Kiedy mordowano Żydów, ich ciała zostawiano tam, gdzie upadły, przykryte arkuszem papieru. Potem widać było, jak chodzi po nich duże robactwo. Ci pracujący przy ciałach mieli zakaz dotykania trupów przez kilka pierwszych dni. Niemcy zorientowali się, że jeśli ciała zaczną się rozkładać, wybuchnie epidemia i znajdzie się kolejny obrzydliwy sposób na wykończenie Żydów. Mężczyźni, kobiety i dzieci zaczęliby umierać od chorób i zakażeń, i w ten sposób Niemców ominęłaby żmudna praca i nie musieliby marnować amunicji.

Jak dziwne może się to wydawać, że im więcej mijało czasu, tym byliśmy silniejsi i powoli przyzwyczajaliśmy się do naszego życia w nędzy.

Od najwcześniejszych dni naszego istnienia, byliśmy uciskaną rasą, ale przetrwaliśmy dzięki łasce Boga, który zrobił z nas silnych i samowystarczalnych ludzi, kochających swoje rodziny.

Kiedy nie przydzielano mnie do grupy pracującej, Stanley i ja spotykaliśmy się z naszymi przyjaciółmi, którzy też mieszkali w getcie. Do melodii znanych piosenek wymyślaliśmy własne słowa opisujące nasze cierpienia. Śpiewanie było naszą rozrywką. Nowe wersy przeklinały Niemców i opisywały to, co im zrobimy, jeśli tylko kiedyś będziemy mieć ku temu okazję. Rodzice nie byli z nas dumni, kiedy usłyszeli nasze piosenki. Ale czułem się tak, jakbym już nigdy nie miał mieć przyzwoitej myśli.

Nie było dnia, w którym nie musielibyśmy wysłuchiwać krzyków i płaczów rozdartych rodzin, śmierć też nam zawsze towarzyszyła. Dla chorych nie było żadnych lekarstw, żadnych lekarzy, a dla młodych matek z dziećmi nie było mleka. Matki były tak niedożywione, że pamiętam, jak Mama mówiła, że ich piersi wysychały i nie miały czym karmić swoich dzieci. Prawie bałem się myśleć o tym wszystkim, bałem się, że oszaleję.

Chciałem ze wszystkich sił przetrwać tylko po to, żeby pewnego dnia być świadkiem podczas procesów tych kryminalistów. Chciałem mieć pewność, że sprawiedliwości stanie się zadość i że naziści zostaną potępieni przez świat. Ich wysiłek włożony w zniszczenie Żydów powinien być wszystkim znany. Trudno było mi zrozumieć, że świat wiedział o zagładzie Żydów, a jednak pozwalał tej rzeźni trwać.

Kiedy leżałem w łóżku, zastanawiałem się nad tymi Niemcami. Jakimi musieli być dziećmi, skoro wyrośli na ludzi zdolnych do takich rzeczy? Moi rodzice nauczyli mnie szanować innych, być uprzejmym, poważać starszych i wierzyć w Boga. Powtarzano mi, że jeśli będę trzymał się tych zasad, to tak samo będą mnie traktować inni. A potem zasypiałem głodny i budziłem się, myśląc o jedzeniu. Rosnący chłopak potrzebuje jedzenia.

Kiedy wyjrzało się przez okna, można było zauważyć część miasta, w której mieszkali nie-Żydzi. Jak swobodnie chodzili po ulicach, jak wygodnie im było w ciepłych ubraniach i z wystarczającą ilością jedzenia! Wiedziałem, że i oni cierpią przez Niemców, ale nie wyglądało na to, że było im tak źle, jak Żydom. Dlaczego to wszystko spotkało tylko Żydów? Czemu oni znęcają się, torturują i zabijają tylko naszych ludzi?

Nigdy nie umiałem odpowiedzieć na te pytania, dzisiaj też nie umiem.

Nasze getto miało taki sam cel i przeznaczenie jak więzienie. Z płotem z drutów kolczastych, ze strażnikami z karabinami przy wyjściach, z wieżami obserwacyjnymi, z których niemieccy żołnierze przyglądali się każdemu naszemu ruchowi. Żyliśmy w klatce.

Niemieccy strażnicy z dużymi, narowistymi psami spacerowali przy płocie. Chociaż psy były na smyczach, strażnicy puszczali je z rąk, żeby psy mogły zaatakować w każdym momencie. Krzyczeli „Żyd!" i biedaczysko nie miało żadnych szans.

Widziałem, jak zamordowano w ten sposób małego chłopczyka, może pięcio- albo sześcioletniego kolegę Jacoba, który poprosił jakiegoś Polaka po drugiej stronie ogrodzenia o kawałek chleba. Zakazany był jakikolwiek kontakt z ludźmi spoza getta, ale cóż mogło o tym wiedzieć to dziecko? Jedyne, co wiedziało, to to, że było głodne. Strażnik zobaczył go i w jednej chwili ta bestia go pożarła. Rzuciła mu się na małą szyję i jej ostre zęby w jednym ruchu oderwały jego główkę od reszty ciała. Krew była wszędzie. Zwłoki leżały na ziemi.

Zwymiotowałem.

Każdego ranka, w południe i wieczorami głośniki wzywały zdolnych Żydów do zgłoszenia się do pracy.

Słyszę je nawet we śnie.

Po moim doświadczeniu z lotniskiem już nigdy nie chciałem tam wracać, ale bałem się, że jeśli ktoś zobaczy, jak kręcę się po ulicach, to na mnie naskarży. Byłem jednym z silniejszych chłopców, więc wyróżniałem się od innych wyglądem. Na myśl o misce jedzenia dla braci, szczególnie dla Jacoba, który był bardzo słaby, zdecydowałem się jednak znowu pracować.

Razem z dwudziestoma sześcioma młodymi mężczyznami znowu załadowano mnie na ciężarówkę, byliśmy pod rozkazami trzech żołnierzy. Oczywiście, nikt nam nie powiedział, dokąd jechaliśmy. Dwóch z nich stało na straży z tyłu ciężarówki, jeden prowadził.

Niezależnie od tego, co na nas czekało u celu podróży, po kilku tygodniach więzienia w getcie, dobrze było znów zobaczyć resztę miasta. Ale ciągle się bałem, strach towarzyszył mi, kiedy przejechaliśmy przez bramę.

Żołnierz, który nas pilnował, był złośliwy tak samo, jak każdy inny żołnierz, który nienawidził Żydów. W rękach miał długi bicz, którym bezlitośnie strzelał, i nieustannie nam ubliżał. Za każdym razem, kiedy wychodziliśmy z ciężarówki, mówił swoim towarzyszom, żeby się nie martwili. Każdy Żyd dzisiaj poczuje na plecach bicz.

Inny strażnik zabrał nas na pole do pracy i wykrzykiwał podobne rzeczy do żołnierzy przy bramie. Ale szybko dowiedzieliśmy się, że ten mężczyzna był z Wehrmachtu, zwykłej niemieckiej armii, i trochę nas żałował.

W ciągu dnia był dla nas na tyle miły i wyrozumiały, na ile mógł sobie pozwolić bez zwracania na siebie uwagi, ale kiedy wieczorem zbliżaliśmy się do bramy getta, znów zaczynał nam grozić i przeklinać. Wtedy zrozumiałem, że niektórzy Niemcy też się bali.

Pewnego razu naszym zadaniem było posprzątanie opuszczonego obozu, z którego mieli korzystać niemieccy oficerowie. Wszystko miało lśnić.

Wybrano mnie do pracy przy ogrodzie, to była drobnostka, którą mogłem się cieszyć. Lubiłem taką pracę i okazało się, że nawet dobrze mi szła. Jeden z żołnierzy zauważył moje postępy i zaczął ze mną rozmowę. Wtedy prawie znowu czułem się jak człowiek. Najpierw zapytał się o moje imię. Przez trzy lata uczyłem się niemieckiego, więc kiedy dowiedział się, że rozumiem i umiem mówić w jego języku, zaczął mi się zwierzać.

— Ile masz lat, Mendel? — zapytał. Musiałem się zastanowić. Nikt od dawna nie świętował niczyich urodzin. — Czternaście — odpowiedziałem.

— Moja córka, Greta, jest w twoim wieku. Chciałbym pójść do domu, zobaczyć ją i moją żonę. Już od prawie dwóch lat nie byłem w domu — westchnął. WSPOMNIENIA

— Myśli pan, że ta wojna się kiedyś skończy? — zapytałem.

— Tak, ale kto by tam wiedział kiedy. Współczuję twoim ludziom, Mendel. Zmuszają mnie do pozostania w armii, ale nie mam zamiaru przykładać ręki do tych okropnych rzeczy, które wam robią.

Po raz pierwszy odkąd Niemcy zaatakowali, poczułem coś do tego niemieckiego żołnierza, chyba było to zrozumienie. Nie mogłem uwierzyć, że spośród tysiąca żołnierzy, których nauczyłem się nienawidzić, akurat ja spotkałem takiego, który miał jakieś uczucia.

— Mendel, wstyd mi za moją ojczyznę. Proszę, wiedz, że mam rozkazy i że jeśli nie będę im posłuszny, to mnie zastrzelą. Chcę żyć, chcę iść do domu i znowu zobaczyć swoją rodzinę. Rozumiesz to, prawda?

— Tak — odpowiedziałem.

Był dla mnie bardzo miły.

W podziękowaniu za jego uprzejmość chciałem coś dla niego zrobić, zanim przypisali mnie do kolejnego zajęcia. Pomyślałem, że może, jeśliby mi pozwolił, mogłem dać mu drobny upominek dla jego córki, o której tak często mówił.

— Co mógłbyś mi dać, Mendel? Przecież wszystko ci zabrali.

Ja jednak już zaplanowałem, co zrobię dla tej miłej osoby. Kiedy się urodziłem, zgodnie ze zwyczajem dostałem solidną, srebrną łyżkę. Ceniłem ją jak skarb, więc zakopałem ją z tyłu naszego budynku, mając nadzieję, że będzie tam bezpieczna.

Wykopałem ją jednego popołudnia, wypolerowałem i zaniosłem do znajomego, który był złotnikiem. Stopił ją i przerobił na pierścionek z malutkim serduszkiem. Pierścionek zaniosłem do mojego nowego przyjaciela następnego ranka. Nikt nigdy nie dał nikomu prezentu z większej wdzięczności i ze szczerszymi intencjami. Zapytał, skąd go wziąłem, więc mu powiedziałem. Jego oczy wypełniły się łzami.

Podziękował mi i powiedział, że też chciał zrobić coś dla mnie i dla mojej rodziny.

— Może gdybym ci dał pistolet, przydałby się on jakoś twojej rodzinie? Może gdybyście mieli broń, udałoby się wam podziemiami wydostać na zewnątrz.

— Nie, panie Schmidt. Zbyt uważnie nas pilnują, nie mogę ryzykować, żeby złapali i zabili moją rodzinę. Słyszałem, że jeśli ktoś ma wystarczająco pieniędzy, to może uda mu się uciec, ale my nie mamy grosza. Już od dawna nic nie mamy. Dziękuję za chęci, ale tutaj trzeba dużo więcej. Zostaje nam tylko czekać i ufać Bogu, że pomoże nam przeżyć to piekło.

Po tym podszedł do skrzyni i wyciągnął z niej duży kawałek boczku, który mi wręczył, i powiedział, żebym schował go pod koszulę.

— Wiem, że się podzielisz z rodziną.

Nie umiałem wykrztusić słowa. Wargi mi drżały, moje usta były suche, starałem się nie popłakać.

— Jest jeszcze coś innego, co chcę ci dać, mam to schowane w ciężarówce. Pod ławką znajdziesz worek owinięty w gazety i szmaty. Kiedy wrócimy do bramy getta, rozkażę ci wyrzucić śmieci. Weź worek do domu.

Kiedy wieczorem dotarłem do domu, okazało się, że dał mi cały bochen chleba, trochę ziaren i kilka ziemniaków. Ten prezent był najlepszym, jaki kiedykolwiek dostaliśmy. Byłem przepełniony radością. Pomyśleć, że ten Niemiec był dla mnie taki dobry!

Po raz pierwszy od wielu tygodniu poszliśmy spać z pełnymi brzuchami. Wiedzieliśmy, że Bóg wybaczy nam zjedzenie boczku.

Pan Schmidt został przydzielony do innej roboty, ale od czasu do czasu dalej nam pomagał. Ten dobry Niemiec, ten jedyny, jakiego spotkałem podczas długich lat prześladowań, wiele razy pomógł nam, ryzykując życie swoje i swojej rodziny.

Kiedy powiedziałem mu, że mój ojciec był dobrym krawcem, znalazł dla niego w bazie miejsce do pracy, gdzie naprawiał, cerował i poprawiał mundury.

Przez te kilka miesięcy, czuliśmy się trochę bezpieczniej i mieliśmy trochę więcej jedzenia. Papa i ja pracowaliśmy przez dziewięć tygodni i w tym czasie trochę przytyliśmy, a do serca wkradła się nam odrobina radości.

Pan Schmidt zdołał dać Papie małe ilości jedzenia dla naszej rodziny. Dobrze było znowu spać i nie budzić się w środku nocy z bólu brzucha.

Czas ciągnie się, kiedy się cierpi, a płynie szybko, kiedy jest się szczęśliwym.

Nie spodziewaliśmy tego, co się potem stało. Nasz wygląd się poprawiał, co szybko zauważyli nasi żydowscy sąsiedzi. Donieśli na nas, obserwowano nas. Odkryto źródło naszego jedzenia i nasz wybawca, pan Schmidt, został przywiązany do bramy i zastrzelony.

Naszą karą było głodowanie. Nie mogliśmy już więcej pracować, a więc nie dostawaliśmy więcej jedzenia. Jak nam brakowało pana Schmidta!

Zaczęliśmy polegać na naszym niemieckim przyjacielu, a teraz nie było nikogo, kto by nam pomógł. Kiedy między moją rodziną a panem Schmidtem rodziła się przyjaźń, zaczął on zwierzać się nam ze swojej nienawiści do Hitlera i pogardy, którą do niego czuł za zniszczenie jego kraju. Nie mógł znieść jego głosu i zwykle znajdował sposób na to, żeby nie słuchać go w radiu. Współczuł Żydom i dowiedzieliśmy się, że w tajemnicy pomagał podziemiu, ryzykując codziennie swoje życie.

To pan Schmidt ostrzegł nas przed hitlerowskim planem eksterminacji Żydów.

I znów musieliśmy poradzić sobie z małymi porcjami jedzenia, które ledwie wystarczały, żeby wyżywić mało dziecko, a co dopiero trzy rodziny. Niedługo po tym znowu zaczęliśmy tracić na wadze i wyglądaliśmy jak wszyscy inni w getcie. Większość z nas była chodzącymi szkieletami, nie było dnia, w którym ludzie nie padali z głodu na ulicy. Siedzieliśmy jak krowy czekające na rzeź.

Kiedy zrobiło się ciepło, robaki i gryzonie zaatakowały nasze ulice z powodu niehigienicznych warunków i porzuconych trupów. Jeśli ludzie wychodzili z domów, to wracali pokryci ugryzieniami. Czasami wyglądałem tak, jakbym miał jakąś okropną chorobę skóry. Nie było żadnej maści, która pomogłaby ze świądem.

Pewnego dnia w getcie, kiedy jadłem swoją skromną porcję zupy, znalazłem w misce kawałek mięsa. Nie mogłem uwierzyć swoim oczom, więc wyłowiłem go łyżką i powąchałem. Na mojej łyżce był kawałek ucha i wąsik szczura. Próbowałem nie zwymiotować, bo nie wiedziałem, kiedy znowu będę jadł. Niektórzy ludzie, którzy też to zauważyli, mieli odwagę poskarżyć się następnego dnia.

Powiedziano nam, że wczorajsza zupa była zrobiona z martwych gryzoni, robili sobie z nas żarty. Nie po raz pierwszy, ale tym razem byli niedbali i zostawili parę kawałków szczurów, żebyśmy zauważyli.

Kiedy niemieckie siły były odpierane przez aliantów albo kiedy ich domy były bombardowane, to nas karano. Nas obarczano winą. Żeby się zemścić i dać ujście złości, strzelano do Żydów dla sportu.

Wysadzili naszą synagogę, a naszych rabinów zamordowali, więc nawet gdyby to było możliwe, nie było miejsca, w którym moglibyśmy się zgromadzić na modlitwy. Mama i Papa próbowali, jak tylko umieli, utrzymać naszą wiarę, czytali nam w szabat Torę. Ale czuliśmy, że nasza wiara staje się coraz słabsza przez to, że codziennie widzieliśmy nowe okropności.

Potem w obozach koncentracyjnych i przez większość czasu w getcie istniała żydowska policja, która pracowała na rozkaz esesmanów. Ci Żydzi robili z naszego życia prawdziwe piekło. To byli bandyci, którzy wszystkim ubliżali, kłamliwie nas oskarżali i robili wszystko, żeby przypodobać się Niemcom i ocalić własną skórę.

Nie mogliśmy nawiązywać między sobą bliższych kontaktów. Kiedy tylko zebraliśmy się w małą grupkę, żydowska policja krzyczała, że mamy się rozejść, i najczęściej, żeby nas pospieszyć, biła nas pałkami.

Zanim zastrzelili Ewę, wiele razy chciałem móc usiąść, porozmawiać i potrzymać ją za rękę. Ale bałem się, że nas złapią, a ja przecież próbowałem ochronić ją i jej rodziców, trzymając się z daleka.

Jeszcze raz przypominałem sobie te kilka dni, które spędziliśmy w piwnicy. Jak wyjątkowe był to, że mogłem być tak blisko niej, mimo wszystko. Popytałem trochę i wiedziałem, że była blisko i wciąż żyła.

---

Rankiem tego okropnego dnia było ciepło, więc otworzyłem okno, żeby wpuścić trochę świeżego powietrza. Oddział niemieckich żołnierzy otoczył jeden z budynków po drugiej stronie ulicy. Przycisnąłem policzek do szyby, żeby zobaczyć, co się działo. Serce mi stanęło, kiedy zauważyłem, jak mężczyźni, kobiety i dzieci byli wypychani na ulicę. Kazano im ustawić się w szeregu i iść w stronę miasta.

Kiedy mnie mijali, zauważyłem między ludźmi Ewę i jej rodziców. Myśli mi szalały. Jak ją znaleźli? Gdzie ich zabierają? Chciałem pobiec na ulicę, wyciągnąć ją z szeregu i mocno uścisnąć.

Zamiast tego zamarłem w bezruchu. Kiedy powoli przechodziła obok, spojrzała w moim kierunku i uśmiechnęła się. Odwróciłem się i zacząłem iść w stronę schodów. Zanim dotarłem do parteru, usłyszałem serię strzałów. Serce mi stanęło. Wiedziałem, że Ewa była martwa. Chciałem wykrzyczeć: „Gdzie jest Bóg? Czemu nie wyśle nam kogoś do pomocy? Proszę, Boże, pomóż nam!".

Ojciec starał się mnie pocieszyć, ale nic to nie dawało. Chciałem umrzeć. Nie było już Ewy. Już nie miałem żadnego powodu do życia. Ta niesprawiedliwość jak rak zjadała mi umysł, serce i duszę. Każdego dnia stawałem się coraz bardziej zgorzkniały, mogłem myśleć tylko o zemście.

Nieustannie wypełniała mnie chęć morderstwa.

Minęło kilka dni, a ja nie chciałem z nikim rozmawiać ani ruszyć się z kąta, w którym siedziałem przygnębiony i zamknięty w sobie.

Ojciec zrobił się zły i znalazł w sobie wystarczająco energii, żeby na mnie nakrzyczeć.

— Przestań, Mendel, potrzebujemy cię! Kochamy cię!

Stanley i Jacob klęczeli obok mnie. Mały Jacob schował głowę w moich rękach, a Stanley oparł głowę o moje ramię i słabo prosił, żebym do nich wrócił.

Kiedyś byłem silny i ludzie brali mnie za starszego, niż byłem w rzeczywistości, a teraz stałem się delikatny, moje ciało zaczęło się rozkładać. Moje zęby i dziąsła bolały z braku porządnego jedzenia. Strasznie chciałem wgryźć się w coś, co nie było zupą. W desperacji wydarłem podeszwę ze starego buta i żułem ją, jak gdyby była najdoskonalszym kawałkiem filetu. Dobrze było używać znowu żuchwy.

Jacob, który miał wtedy tylko pięć lat, zauważył, że coś żuję, więc pomyślał, że to jedzenie. Szarpnął mnie za rękę i błagał, żebym otworzył buzię. Obrażał mnie i płakał, żebym się z nim podzielił. Dałem mu kawałek skóry i zanim zdążył odejść na drugi koniec pokoju, połknął ją. Jego brzuch był tak pusty, że nie mógł się opanować. Zaczął płakać, więc wziąłem go w ramiona, żeby go pocieszyć.

Zacząłem z nim rozmawiać o jego postrzyżynach. Mama właśnie obcięła mu włosy, bo Papa uważał, że już czas. Nie była z tego zadowolona. Jacob miał głowę pięknych, blond loków i przed wojną ludzie zatrzymywali nas na ulicy, żeby na nie popatrzeć. Jacob lubił skupiać na sobie uwagę, ale jednocześnie wstydził się swoich loków. Szybko zgodził się z ojcem, że już czas, żeby miał chłopięcą fryzurę.

Stanley i ja kiedyś zabieraliśmy Jacoba do parku za miastem. Było tam pełno ławek, przy których gromadziły się ptaki w nadziei, że ktoś je nakarmi. Przynosiliśmy woreczek okruszków i karmiliśmy gołębie. Jacob tańczył w zachwycie i śmiał się głośno, próbując wystraszyć ptaki. Stanley gwizdał jak ptak i czasami nawet myśleliśmy, że zwierzęta go rozumiały. Kiedy skończyły się nam okruchy, bawiliśmy się w chowanego. Pamiętam, że chowałem się niedaleko zegara, który wisiał na świetlicy. Musiał być już tam od dawna, bo dorośli zawsze dyskutowali, jak długo będzie jeszcze chodził. Działał aż do momentu, w którym Jacob był wystarczająco duży, że stanąć na skrzyni i go dosięgnąć.

Miejscową zagadką był dzień, w którym zegar niespodziewanie się zatrzymał...

Nasza marna egzystencja w getcie zakończyła się w czerwcu 1942 roku. Nigdy nie spodziewaliśmy się tego, co się stało. Niemieccy żołnierze, i to całkiem sporo, przyszli z samego rana, kiedy słońce zaczynało wschodzić. Przyjechali czołgami, ciężarówkami, z karabinami i psami. Można by pomyśleć, że chcieli najechać terytorium jakiegoś potężnego wroga, a nie bezbronnych, niewinnych i głodujących ludzi. Niektórzy mieli w getcie kilka strzelb i pistoletów, ale nikt nie miał sił nacisnąć spustu albo walczyć w naszej obronie.

Głos Papy obudził mnie z głębokiego snu.

— Chodźcie, Mendel, Stanley. Wstawajcie i ubierajcie się, i to już. Coś się dzieje, ulice są pełne żołnierzy. Pośpieszcie się.

Wyskoczyłem z łóżka i usłyszałem szczekające psy. Prawie słyszałem i czułem, jak ciężkie maszyny powoli ruszały się po ulicach. Z głośników zaczynały rozbrzmiewać rozkazy. Podbiegłem do okna i wyglądało na to, że całe getto było otoczone przez niemieckich żołnierzy. Byli wszędzie. Hałas był ogłuszający, wszędzie, gdzie spojrzałem, był chaos. Wszyscy płakali i krzyczeli, kiedy Niemcy zgarniali ludzi i dzielili nas na grupy.

Stanley i ja ubraliśmy się szybko, a potem klęknęliśmy z Jacobem, Mamą i Papą, żeby się pomodlić.

— Dobry Boże, jeśli to w Twojej mocy, pomóż nam przetrwać te cierpienia, a jeśli zdołamy przeżyć, ale będziemy rozdzieleni, pomóż nam później się zjednoczyć. Amen.

Płakaliśmy i trzymaliśmy się razem. Nic innego nie mieliśmy do powiedzenia. Wiedzieliśmy, że kiedyś przyjdzie ten dzień, i w końcu przyszedł. Słyszeliśmy ciężkie kroki żołnierzy w naszym budynku, uderzenia kolb strzelb w drzwi oraz szorstkie komendy wydawane w tym gardłowym języku. A potem zapukali i w nasze drzwi.

— Wychodźcie, Żydzi! Macie dziesięć minut!

Jak hojnie z ich strony. Staliśmy otoczeni ramionami, nasza

rodzina: Papa, Mama, sześcioletni Jacob, trzynastoletni Stanley i czternastoletni ja. Łzy płynęły nam niekontrolowanie. Pocałowaliśmy się na pożegnanie, bo wiedzieliśmy, że małe były szanse na to, że nasza rodzina zostanie razem. Oni zawsze rozdzielali rodziny i przyjaciół. Niemcy wiedzieli, gdzie leżała nasza siła. Jeszcze jeden ostatni uścisk, ostatni pocałunek, ostatni raz, kiedy trzymałem rękę Papy. Powoli schodziliśmy po schodach na ulicę. I tak mieliśmy szczęście, że mogliśmy sami wyjść z budynku.

Kiedy szedłem na dół z drugiego piętra, wiele razy się potknąłem. Na korytarzach leżały martwe ciała z rozbitymi głowami. Trudno było się nie poślizgnąć na kawałkach mózgu i krwi. Te ofiary na pewno nie ruszały się wystarczająco szybko. Nie dowierzałem, kiedy ku mojemu przerażeniu żołnierz podrzucił w powietrze dziecko i użył go jako celu do ćwiczeń. Jego matka krzyknęła w rozdzierającej agonii, a potem też została zastrzelona. Czy kiedykolwiek obudzimy się z tego koszmaru?

Kiedy dotarliśmy na ulicę, zobaczyliśmy żołnierzy popychających ludzi i zmuszających ich do ustawienia się w szeregach. Wszędzie dookoła widzieliśmy i czuliśmy smród śmierci. Rodziny były dosłownie rozrywane. Nigdy nie zapomnę przeraźliwych krzyków dzieci: mamo, tato, nie zostawiajcie nas. Jak mogłem powstrzymać serce od pęknięcia, skoro było tak przepełnione cierpieniem, że nie mogło już nic więcej pomieścić?

— Ile masz lat, żydowski chłopcze?

Wystraszony powiedziałem, że dziewiętnaście. Myślałem, że jeśli powiem, że jestem starszy, miałem większe szanse na to, że wezmą mnie do obozu pracy i w ten sposób przetrwam. Kazano mi przejść na drugą stronę ulicy i dołączyć do małej grupki mężczyzn, która tam się tworzyła. Wśród nich było wiele chłopców, więc wydawało mi się, że moje kłamstwo ujdzie mi na sucho. Pamiętam, że trzymałem rączkę małego Jacoba. Zanim jeszcze raz udało mi się go albo Mamę, albo Papę, albo Stanleya pocałować na pożegnanie, żołnierz złapał mnie za ramię i wepchnął w plecy karabin, prawie mnie przewracając. Odzyskałem równowagę i doszedłem do rzędu mężczyzn. Musiałem przetrwać, żeby móc kiedyś znowu zobaczyć swoją rodzinę. To sobie obiecałem.

Nie wiedziałem, co na mnie czekało. Potem, już w obozie, sam siebie często pytałem, czemu nie powiedziałem im, ile naprawdę mam lat. Wtedy chociaż by mnie zagazowali jak resztę dzieci. Ale Bóg miał wobec mnie inne plany, bo wciąż nie pozbawił mnie życia. Nigdy nie zapomnę, kiedy Mamę odciągali od Jacoba. Jeśli istnieją zaświaty, to nawet tam będę o tym pamiętał. Mamę wepchnęli do grupy kobiet, Stanley i Jacob byli ustawieni w szeregu dzieci, a Papę wysłali do tej samej grupy co mnie. Może będę mógł umrzeć z Papą? Wszystko było dobrze i efektywnie zorganizowane. Mieli to dobrze zaplanowane.

Widziałem przed sobą Papę, ale nie mogłem zrobić nic, żeby przyciągnąć jego uwagę. Bałem się, że jeśli odkryją, co nas łączy, od razu nas rozdzielą. Znaleźliby inny sposób, żeby się nas pozbyć: może nawet i zabiliby ojca, skoro to ja byłem młodszy i bardziej zdolny do pracy. Widziałem wielu starszych Żydów wyciągających ręce i modlących się do Boga o pomoc. Przypominało mi to o Mojżeszu na górze. Ale w przeciwieństwie do Mojżesza, Bóg na nasze modlitwy nie odpowiedział.

Policzono nas, a potem skuto łańcuchami, ustawiono w ciężarówkach i zawieziono do obozu koncentracyjnego, który zbudowano trzydzieści kilometrów za Radomiem, blisko fabryki amunicji. Kiedy jechaliśmy w tamtym kierunku, pomyślałem o Papie w drugiej ciężarówce i trochę mnie to pocieszyło. Mój żal za rozbitą rodziną był prawie nie do zniesienia. Mamę wysłano do jednego miejsca, moich braci do drugiego. Wrzałem z nienawiści, ale równocześnie bałem się. Próbowałem nie płakać, wiedząc, że mi nie wolno. Odkryliby, że byłem młodszy, niż twierdziłem. Musiałem być odważny.

Po przybyciu do obozu kazali nam ściągnąć nasze ubrania i dali nam biało-niebieskie pasiaki. Każdemu też przypisano numer. Od tego momentu byłem znany jako 27091, Mendla Steinberga już nie było. Moje gęste, czarne włosy zgolono, zostawiono tylko kilka milimetrów. To był kolejna rzecz, po której Niemcy mogli rozpoznać, że byłem Żydem.

Żołnierze wybierali sobie Żydów, jak gdyby kupowali bydło. Młodsi byli oddzieleni od starszych, zdrowi od chorych, słabi od silnych. Jak gdyby nasze fryzury i pasiaki nie wystarczały za identyfikację, nasze ubrania były oznaczone numerami. Kawałek czerwonego materiału w kształcie trójkąta z dużą literą „J" [1]na środku był przyszyty do naszych koszul. Starszych, schorowanych i niektórych z młodszych chłopców ustawiono w szeregu. Dano im łopaty i powiedziano im, że ich zastrzelą, więc jeśli chcą być pochowani, a nie leżeć na ziemi jako pokarm dla sępów, mieli wykopać sobie własne groby. Szok był większy, niż niektórzy mogli wytrzymać i od razu padali martwi na ziemię. Niedługo później usłyszeliśmy nieustające echo strzałów i rozpoczęło się masowe morderstwo.

Każdego dnia modliłem się do Boga o pomoc i siłę. Chyba nie zrobiłem nic złego w swoim krótkim, czternastoletnim życiu, żeby być tak ukaranym. Raz po raz przed oczami stawał mi ten okropny dzień, w którym Papa, Mama i moi bracia zostali rozdzieleni. Ci Niemcy są potworami i pewnego dnia zapłacą za swoje zbrodnie przeciwko Żydom. Zastanawiałem się nad tą myślą, mając nadzieję, że wyryje mi się ona w umyśle.

Ten dzień w szczególności wydawał mi się najdłuższym w moim życiu. Byłem chory z głodu i pragnienia. Dużo godzin minęło, odkąd ostatnio jadłem. Tego dnia przeżyłem tak wiele, że moje ciało przeszło w stan jakiegoś szoku. Jak przez mgłę pamiętam, że ktoś popychał mnie do przodu i pomógł mi przejść przez drzwi. Pamiętam, że ktoś powiedział, że mam znaleźć sobie miejsce do leżenia i że mam być cicho.

---

1. *Jude* (niem.) - Żyd

# MROK

Nigdy nie zapomnę mojego pierwszego poranku w obozie, kiedy to obudziłem się po ciężkiej nocy pełnej koszmarów. Mając czternaście lat, leżałem na łóżku z wilgotnej i brudnej słomy. Całe moje ciało było mokre od potu, moje ręce były zimne i lepkie, mój brzuch bolał z głodu. Mogłem myśleć tylko o tych bolesnych godzinach, które wiodły do tego momentu. Wciąż żywe w mojej głowie były krzyki Jacoba i macochy, płaczących, kiedy ich od siebie odciągano. Bolesne krzyki przyjaciół i krewnych zabieranych od swoich rodzin do obozów albo do komór gazowych.

Kiedy otworzyłem oczy, żeby się rozejrzeć, w nikłym świetle dochodzącym z małego okienka na końcu pomieszczenia zauważyłem rząd prycz. Tak naprawdę były to pokryte słomą drewniane deski ustawione dookoła pomieszczenia na kilku wysokościach, na których leżeli mężczyźni w różnym wieku i spali w różnych pozycjach. Chrapanie, jęczenie z bólu i szlochanie czasami mieszało się z krzykami o pomoc. Nieumyte ciała więźniów śmierdziały. Stopniowo zrozumiałem, że i ja byłem więźniem wśród więźniów. Moją pierwszą myślą była ta o ucieczce, ale trzeźwo uświadomiłem sobie, że skoro tysiące dorosłych mężczyzn jak ci dookoła mnie nie mogło uciec, jak miałoby się to udać młodemu chłopcu?

Leżałem w ciszy, a kiedy pomieszczenie robiło się jaśniejsze, zauważyłem, że moje ramiona były pokryte małymi, czarnymi punktami. Myślałem, że zachorowałem na coś poważnego i spanikowałem.

— Proszę, niech ktoś zawoła doktora, szybko! Pomóżcie mi! Umieram, pełno mam na sobie czarnych kropek!

Z łóżka nade mną spojrzała na mnie twarz.

— Cicho, chłopcze — wyszeptał spokojnie w naszym języku miło wyglądający, ale kościsty mężczyzna. — Nie jesteś chory, synu. Te kropki to żadna choroba, to tylko wszy i za niedługo nauczysz się z nimi żyć. Poza tym będą ci zajmować czas we dnie i w nocy. Rozprawianie się z nimi stanie się jedynym sposobem na zabicie czasu.

Patrzyłem na niego w niedowierzaniu.

— Podnieś rękę, Lolek — powiedział.

— Nie nazywam się Lolek. Jestem Mendel.

Spojrzał na mnie dzikim wzrokiem, a potem powiedział:

— Jesteś moim synem, Lolek.

— Nie. Jestem Mendel. Mendel Steinberg.

Szybko schowałem rękę, myśląc, że mężczyzna był szalony.

Nachylił się i znowu na mnie spojrzał.

— Nie pamiętasz mnie? Jestem twoim ojcem.

— Nie jesteś moim ojcem!

Minęło kilka sekund, a potem z westchnieniem uświadomił sobie swoją pomyłkę i zaczął opowiadać mi, co mu się przydarzyło. Powiedział mi o swoim jedynaku, który był w moim wieku, wyglądał podobnie do mnie, i o tym, w jaki sposób ich rozdzielono.

— Martwię się o niego, cały czas o nim myślę — powiedział łamiącym się głosem.

Myśl o tym, że jego syn też był w więzieniu i przechodził przez te same tortury, była dla niego nie do zniesienia. Od czasu do czasu uciekał wzrokiem, milkł i pogrążał się w myślach. Od tego momentu reagowałem, kiedy mówił do mnie Lolek.

— Daj mi rękę, pokażę ci, jak zabijać te wszy.

Te robaki musiały lubić moje młode i delikatne ciało, bo przywarły do niego jak przyklejone. Po każdej złapanej i zabitej wszy na skórze pojawiał się duży bąbel, a swędzenie doprowadzało mnie do szału. Wydawało się, że kiedy zabiję jedną, pojawiały się dwie kolejne. Byłem pewny, że całe moje ciało pokryte było wszami. Nie miałem wystarczająco rąk i palców, żeby trzymać je pod kontrolą, więc nie mogłem sobie ulżyć.

Kiedy wyciskałem życie z wesz, wyobrażałem sobie, że były one niemieckimi strażnikami. Wrogiem. Zabijanie tych wszy przynosiło mi pewną przyjemność.

Mój nowy przyjaciel wyjaśnił mi, że wszy atakowały wszystkich w obozie i nie dało się zrobić nic, żeby się ich pozbyć. To była po prostu kolejna rzecz, którą trzeba było przecierpieć w więzieniu. Przez chwilę cicho rozmawialiśmy, a potem zmęczyłem się i zasnąłem.

Kiedy się obudziłem, byłem chory z głodu i zapytałem mojego kolegi, czy za niedługo dostaniemy coś do jedzenia.

— Dostałeś wczoraj jakąś porcję, kiedy tu przyszedłeś, Mendel? — zapytał.

— Nie — odpowiedziałem. — Wepchnięto nas do środka i powiedziano, że mamy znaleźć sobie miejsce do leżenia i być cicho.

Jego zapadnięte oczy popatrzyły na mnie ze współczuciem, a potem wyjaśnił mi:

— Pamiętasz, prawda, Lolek, że dostajemy nasze racje chleba i kawy o szóstej wieczorem i że to ma nam wystarczyć też na śniadanie, a więcej jedzenia dostajemy dopiero w południe.

Zrozumiałem, że miną godziny, zanim dostanę coś do zjedzenia i zacząłem płakać.

Nachylił się nade mną i poklepał mnie po ramieniu.

— Poczekaj, synu. Może znajdę ci kawałek chleba, kiedy inni się obudzą. Może być trudno, większość ludzi je swoje porcje tego samego wieczora. Kto wie, czy następnego ranka będziemy żyli, więc po co zostawiać coś na później? Kiedy ludzie się obudzą, popytam i zobaczymy, czy coś ci znajdę. Kto wie, może odnajdzie się w tym piekle choć jedna optymistyczna dusza. Ale na razie zamknij oczy, spróbuj pospać.

Zasnąłem, myśląc o jedzeniu. Wydawało się, że upłynęło tylko kilka minut słodkiej nieświadomości, kiedy poczułem, że coś uderzyło mnie w głowę. Odwróciłem się i otworzyłem oczy w panice.

Rosły mężczyzna ubrany w coś, co przypominało mundur, patrzył na mnie z góry swoimi brzydkimi oczami. Stał tam z pałką w ręku i krzyczał:

— Wstawać i ustawić się w szeregu do liczenia. Byle szybko!

Wyskoczyłem z łóżka i stanąłem na klepisku. Zakręciło mi się w głowie i upadłem z powrotem na siennik. Tortury, rozbicie rodziny, ciągły głód... *Już mi wszystko jedno*, pomyślałem. Wycierpiałem tyle, ile tylko człowiek mógł wycierpieć, już nie miałem nic więcej do oddania. Moja odwaga się wyczerpała, nie miałem już ochoty dłużej żyć. Nie miało to jednak znaczenia, bo mimo cierpienia, płaczu, błagań o śmierć, ja wciąż żyłem. Tylko Bóg wie czemu.

Nadzorca naszego baraku wrócił do mojej pryczy i znalazł mnie leżącego w oszołomieniu. Zamachnął się pałką w moje nogi, więc szybko wstałem, a jego „Ruszaj się!" dźwięczało mi w uszach.

Potem poczułem delikatne szarpnięcie. Ktoś ostrożnie prowadził mnie przez barak i zaprowadził na zewnątrz do reszty mężczyzn. Nie musiałem się odwracać, żeby wiedzieć, że to mój przyjaciel. Potem powiedział mi, że gdybym się nie stawił na liczenie, zastrzeliliby mnie. Nadzorca nazwałby to niesubordynacją.

Znów Bóg się mną opiekował i zainterweniował. Czas mijał, a takich sytuacji, w których ręka boska albo jakiś niezwykły przypadek mnie uratowały, było sporo.

Stanąłem na swoim pierwszym z tysiąca apeli i przeliczeń. Wzywano nas o najróżniejszych porach dnia i nocy. Staliśmy w skwarze lata, w najzimniejsze wiatry jesieni i w zimowym śniegu minimum przez godzinę, a raz nawet przez osiemnaście godzin. Staliśmy w ciszy, w strachu, że rozkażą nam wystąpić z szeregu. To zwykle znaczyło tylko jedno: czas na zagładę. Nawet najmniejsze naruszenie zasad było wyrokiem śmierci. Jeśli strażnik zauważył, że byliśmy chorzy, to też czekała nas śmierć. Źle można się było czuć tylko przez kilka dni. Potem uważali cię za bezwartościowego i wysyłali na rozstrzelanie.

Tamtego ranka po raz pierwszy stanąłem na apelu, ale od dwudziestu czterech godzin nie miałem w ustach wody i bałem się, że zemdleję w gorącym słońcu. Jakoś z pomocą mojego przyjaciela wytrwałem to liczenie i w południe, po misce wodnistej zupy i kawałku chleba, w końcu zasnąłem i spałem aż do wieczora, kiedy znowu przyszedł czas na stanie w kolejce po jedzenie.

To pierwsze więzienie, ten obóz koncentracyjny, który miał być moim domem do zakończania wojny, znajdował się koło piętnaście kilometrów od Radomia. Byliśmy niedaleko wsi Szkolna, gdzie działała duża fabryka broni.

Sam obóz był około trzech kilometrów od fabryki i wielu więźniów wysyłano tam do pracy. W zamian dostawali dodatkową porcję chleba, ale tylko tyle, ile trzeba było, żeby dostarczyć im sił na całodzienną pracę. Zacząłem tam pracować i w końcu zaangażowałem się w działalność polskiego podziemia.

Podczas dni, w których nie było nic do roboty prócz zabijania wszy i stania w szeregu na przeliczeniach, miałem dużo czasu, żeby myśleć. Zwykle zastanawiałem się nad jednym pytaniem: dlaczego?

Podziemie też działało w obozie, dzięki niemu otrzymywaliśmy wiadomości. Codziennie wybierano grupę mężczyzn do pracy przy torach, co było okazją do rozmowy z polskimi pracownikami kolei. Oni mieli pozwolenie na doprowadzenie pociągów pełnych więźniów tylko do pewnego miejsca. Stamtąd inna grupa odbierała więźniów i w ten sposób starano się utrzymać w tajemnicy te nieludzkie działania: transportowanie tysiąca niewinnych ludzi do komór gazowych i krematoriów.

Niektórzy z Polaków pracujących przy pociągach współczuli Żydom i z żalu przekazywali im informacje. Powiedzieli nam o tym, że w środku wagonów rozsypywano chemikalia pachnące chlorem. Kiedy więźniowie oddawali mocz, w górę unosił się śmiertelny gaz, który ich dusił.

Codziennie, o każdej godzinie, myślałem o swojej rodzinie i zastanawiałem się, co się z nimi stało. Czy cierpią, są bici, głodni, chorzy? Czy stoją godzinami w szeregach? A może przydzielono ich do pracy? Czy jeszcze kiedyś ich zobaczę?

Potem przyszedł dzień, w którym mój przyjaciel powiedział mi, że ma dla mnie wiadomości o mojej macosze i Jacobie. Położył mi dłoń na ramieniu i powiedział smutnym głosem, że prawie na pewno zabito ich w komorze gazowej w Treblince.

— Masz na to jakiś dowód? — zapytałem.

— Naprawdę chcesz usłyszeć szczegóły, Mendel?

— Tak — powiedziałem — chcę o wszystkim wiedzieć.

— Jeden z moich znajomych pracuje na kolei i powiedział mi, gdzie jechały wszystkie pociągi z Radomia. Ten, w którym był twój brat i matka, jechał do Treblinki.

Zamilknął na chwilę, a potem wytłumaczył mi, że oni tam nie trzymali więźniów.

— To miejsce zagłady, tam są tylko komory do masowych morderstw. Znajomy powiedział mi, że tysiące ludzi umiera w pociągach z głodu, od trujących gazów albo uduszonych z powodu tłoku. Kiedy pociągi śmierci docierają do Treblinki, tylko jakieś czterdzieści procent ludzi jeszcze żyje, a potem prowadzeni są do komór gazowych i krematoriów.

Stałem przez moment w ciszy, a potem zacząłem się trząść. Nie umiałem powstrzymać płaczu.

Mój przyjaciel obawiał się, że nadzorca mnie usłyszy, więc błagał mnie, żebym był cicho.

— Nie płacz, Mendel — powiedział — bo oboje będziemy mieli kłopoty. Już nic ci więcej nie powiem, skoro nie umiesz powstrzymać płaczu!

— Nie, nie! — błagałem go. — Proszę, powiedz więcej. Muszę wiedzieć wszystko. Nigdy nie zapomnę, co ci nazistowscy Niemcy zrobili mojej rodzinie!

Nienawiść we mnie wzrastała.

Wytarłem nos w rękaw i próbowałem przełknąć gulę w gardle. Ze wszystkich sił powstrzymywałem łzy i przygotowałem się na usłyszenie kolejnych okropnych szczegółów.

— Ten znajomy powiedział mi, że wszyscy w pociągach z Radomia albo umarli w drodze, albo zostali zamordowani w obozie. Ma krewnego, który jest częścią załogi kończącej jazdę do Treblinki, i to on powiedział mu o tych okropieństwach, które się tam dzieją. Nie wiem, czy ci mówić więcej, Mendel.

— Proszę, tyle już usłyszałem. Chcę wiedzieć wszystko.

— Cóż — wziął głęboki wdech. — Kiedy transport niewinnych mężczyzn, kobiet i dzieci dociera do granicy Treblinki, zgarnia się ich i wrzuca do płytkich rowów wykopanych przez niemieckich i ukraińskich robotników. Groby są tak płytkie, a martwych tak dużo, że krew przesiąka przez cienką warstwę ziemi i tworzy czerwone morze. Mówił, że smród zepsutej krwi i gnijących ciał czuć na kilometry. Podobno przez kilka tygodni unosi się on w okolicy.

Na chwilę przestał mówić.

— Jest jeszcze coś, Mendel.

Pokiwałem głową, żeby mówił dalej.

— Tych, którzy przetrwali jazdę pociągiem z Radomia, zabierają do środka, do obozu. Mówią im, że po podróży w brudnym pociągu muszą wziąć prysznic i że kiedy będą czyści, dostaną rozkazy do pracy. Dzieciom dają cukierek i mówią im, że po kąpieli pójdą do rodziców i że mają głęboko oddychać, kiedy wejdą pod prysznice. Wszyscy są tak osłabieni i oszołomieni, że dobrowolnie słuchają tych rozkazów. Mój Boże, Mendel, żeby być zabitym tylko za bycie Żydem... Ale posłuchaj mnie, przyjdzie dzień, w którym będziemy wybawieni, jak już to było z naszymi ludźmi. Jedyne, o co proszę Boga, to o siłę, żeby dotrwać do tego dnia. O Boże, modlę się, żeby ten dzień przyszedł!

— Dziękuje ci za te informacje — powiedziałem głuchym głosem.

To już koniec, nie żyli! Mój mały brat Jacob, którego tak kochałem i pomagałem wychować, był martwy. To on był tym dzieckiem, które pomogło mi poradzić sobie po śmierci Mamy. Był tak mały i odwracał moją uwagę od rozmyślania o matce. Często myślałem, że to ja potrzebowałem go bardziej niż on mnie. A teraz i moja kochana macocha nie żyła. Zawsze była dla nas taka miła, starała się, jak mogła, żeby być dobrą matką dla mnie i dla moich braci. Żal i wyrzuty sumienia mnie przytłaczały. Może mogłem im bardziej pomóc, może mogłem ich bardziej kochać?

Płakałem przez wiele godzin, a potem zasnąłem i znów nawiedziły mnie koszmary. Ciągle myślałem o śmierci. Ludzie nas zabijali, a w zemście za moją rodzinę i ja zabijałem ich.

Wiedziałem, że Papa jest w tym samym obozie co ja,

widywałem go od czasu do czasu. Nikomu nie ośmieliliśmy się powiedzieć, że jesteśmy spokrewnieni. To oznaczałoby albo śmierć, albo przeniesienie jednego z nas do innego obozu. Wiedzieliśmy jednak o sobie i moje serce zawsze zabiło mocniej, kiedy zauważyłem go podczas apelu.

Sama wiedza o tym, że Papa był tam ze mną, dodawała mi otuchy. Bardzo chciałem podejść do niego bliżej, uścisnąć go albo chociaż powiedzieć kilka słów. Obaj rozumieliśmy jednak, że nasza sytuacja była wyjątkowa i udawaliśmy, że się nie znaliśmy. Nikomu nie mówiliśmy o naszym pokrewieństwie i byliśmy posłuszni niemieckim rozkazom. Wciąż martwiłem się o Stanleya — nikt go nie widział ani nie miał o nim żadnych informacji. Zabili go tak jak Jacoba i macochę?

Któregoś dnia usłyszałem, że Stanley uciekł z pociągu, który wiózł go razem z Jacobem i macochą na pewną śmierć. Pomyślałem o tym, jak sprytny i zaradny był Stanley, i jakoś wiedziałem w głębi serca, że musiał być bezpieczny. Musiał, żebyśmy znowu mogli się kiedyś zobaczyć.

Każdy barak miał nadzorcę, którego nazywaliśmy kapo, to skrót od „policja obozu koncentracyjnego". Większość z nich mówiła tylko po niemiecku. To byli wyrodni i sadystyczni ludzie. Robiono z nich nadzorców właśnie dlatego, że mieli szczególny talent do krzywdzenia, poniżania i bicia, z których tak często korzystali.

Kapo w naszym baraku szczególnie mnie nie lubił. Ktoś mi powiedział, że miał kiedyś syna w moim wieku, którego zabili. Widział mnie żywego, niezależnie od tego w jakich warunkach, a to wywoływało u niego zazdrość, którą często wyrażał przez przydzielanie mi najgorszych zadań. Zwykle długo gapił się na mnie swoimi złymi oczami. Nie mogłem ruszać się albo mówić za wiele, bo zawsze czekał na mnie ze swoją pałką.

Toalety były w stanie surowym. To były po prostu duże, głębokie dziury z deskami pośrodku. Dwa razy w tygodniu wrzucano do środka chlorek, a kiedy dziury były pełne, ten obrzydliwy brud musiał być wykopany i załadowany do wagonu albo na ciężarówkę, która go wywoziła. Wypełnianie wiader odchodami było zwykle moim zadaniem. Sam smród był tak obrzydliwy, że całe dnie wymiotowałem. Moja nienawiść do tych niemieckich potworów się powiększała.

Nie mieliśmy nic, nawet światła, oprócz tych kilku promieni, które docierały przez jedno małe okienko. Nie było ogrzewania, nie było pościeli, wody pitnej, gazet, ubrań na zmianę, papierosów, radia, nie było muzyki, żadnego papieru do pisania, żadnych wiadomości z zewnątrz. Deska pokryta sianem do spania, pasiak do przykrycia ciał, jedzenia tylko tyle, żeby przytrzymać nas przy życiu na jeszcze jeden dzień męki.

Już od dawna nie widziałem swojego odbicia w lustrze. Zastanawiałem się, czy ta nędza zmieniła mi twarz. Może już nie wyglądałem tak jak kiedyś. Może przypominałem staruszka? Wiedziałem, że dużo straciłem na wadze i ciekawiło mnie, żeby siebie zobaczyć. Któregoś dnia przy jedzeniu zupy zerknąłem w dół i zobaczyłem swoje odbicie w wodnistej cieczy. W misce widziałem kogoś bladego i chudego z dużymi, zapadniętymi, brązowymi oczami. Twarz była koścista i stara, pokryta wszami. Tak, zmieniłem się.

Którejś nocy, kiedy robaki były szczególnie aktywne i nie mogłem spać, wstałem, usiadłem na ziemi i zacząłem wyłapywać wszy jedną po drugiej. Byłem tak pochłonięty tym zajęciem, że zauważyłem kapo dopiero wtedy, kiedy stanął nade mną.

— Ej ty, wracaj do pryczy, zanim sam cię tam wkopię! — powiedział ostrym głosem.

— Dobrze, dobrze. Ja tylko...

Uderzył mnie w twarz. Łzy spłynęły mi po policzkach i szczypały w napuchniętym miejscu pod okiem. Zasnąłem, powtarzając sobie: uderzył mnie za zabijanie wszy, uderzył mnie za zabijanie wszy, uderzył mnie...

Nie mogłem przestać myśleć o Stanleyu. Gdzie był, co robił? Czy dołączył do podziemia? Czy było mu ciepło, czy był najedzony i ubrany? Czy zaprzyjaźnił się z kimś? Czy wiedział, że Papa żyje? Że ja żyję? Że Jacob nie?

I wtedy jedna z moich modlitw została wysłuchana.

Stałem w szeregu na apelu, gdy z jakiegoś powodu podniosłem głowę i popatrzyłem w lewo. Mogłem patrzeć tylko przez moment, ale moje serce zaczęło mocno walić. Czy to był Stanley, czy oczy mnie nie mylą? Spojrzałem jeszcze raz i zobaczyłem, jak rusza ręką. Czy to naprawdę on? Niemożliwe! Prawie nie umiałem powstrzymać swojego podekscytowania. Łzy radości spłynęły po mojej twarzy. Byłem pewien, że utonę we własnych łzach. Moje myśli szalały. Musiałem z nim porozmawiać. Gdzie był, jak się tu dostał? Czy on był tutaj od początku, czy dopiero go przywieźli? Musiałem się z nim zobaczyć, żeby przekonać się, że był prawdziwy.

Dzień dłużył się, a ja czekałem na kolejny apel. Musiałem się upewnić, że to naprawdę był mój brat. Stałem w szeregu, uważając, żeby mieć schyloną głowę przez kilka minut, a potem przez kilka sekund zerkałem dookoła, szukając w tłumie brata.

Zauważyłem go i wiedziałem już na pewno, że Stanley żył i był ze mną i z Papą w obozie. Godzinami planowałem sposób skontaktowania się z nim. Z miejsca, w którym stał, wywnioskowałem, że musiał mieszkać w baraku obok mojego. Tak blisko, a tak daleko!

Dwa dni później była noc i było na zewnątrz bardzo ciemno. Usłyszałem, jak zaskrzypiały drzwi i zauważyłem, że czyjąś sylwetkę popychano w stronę wolnej pryczy. Tego dnia zabili jednego z naszych, więc zwolniło się łóżko. Jakieś trzy godziny po tym, jak zauważyłem nowego więźnia, obudzono mnie delikatnych szturchnięciem i niskim „Nic nie mów".

Nade mną stał Stanley.

Chwyciłem go za ramię, przyciągnąłem do siebie i przytuliłem go. Prawie niemożliwe było nie płakać albo nic nie mówić, ale wiedzieliśmy, żeby lepiej tego nie robić.

— Wszystko dobrze — wyszeptał, a potem szybko wrócił do swojej pryczy.

Po raz pierwszy od tygodni poszedłem spać zadowolony. Jutro będę ze Stanleyem. Wciąż działy się dobre rzeczy. Może teraz, skoro byliśmy razem, moglibyśmy uciec? Stanley zawsze miał dobre pomysły. Może nawet moglibyśmy wziąć ze sobą Papę, a jeśli nie, to wymyślimy sposób na to, żeby po niego wrócić. W trójkę na pewno będziemy mogli znowu ułożyć sobie życie. Marząc, zasnąłem spokojnym snem.

Następnego dnia mieliśmy okazję porozmawiać. Udawaliśmy nieznajomych, a skoro byliśmy dwiema najmłodszymi osobami w naszym baraku, naturalny wydawał się fakt, że będziemy chcieli trzymać się razem. Żaden więzień nas nie podejrzewał. Stanley powiedział mi, że już od jakiegoś czasu wiedział, że byłem blisko, ale musiał wymyślić plan, żeby go przenieśli.

— Jak ci się to udało, Stanley?

— Najpierw zacząłem oddawać przysługi kapo. Zauważyłem, że nie był tak wredny jak inni. Pucowałem mu buty, przyszywałem guziki do munduru, takie drobnostki. Chyba się nade mną litował, bo jestem młodszy niż inni. Potem przez trzy dni zbierałem swoje porcje chleba i dałem mu, prosząc, żeby zaniósł do baraku obok.

— I jak to wytłumaczyłeś, Stanley?

— Powiedziałem mu tylko, że widziałem tam chłopaków w moim wieku, i zapytałem, czy może zrobić tak, żebym był tam z nimi.

— Może ci współczuł.

ó Wszystko jedno. A teraz jestem tu.

I jak się wtedy cieszyliśmy! Kiedy mijały dni, coraz trudniej było nam nie zdradzić się z faktem, że byliśmy braćmi.

W kawałkach opowiadał mi szczegóły swojej ucieczki z pociągu śmierci, który zawiózł Jacoba i macochę do obozu zagłady.

Przeżył tylko dzięki dobroci kilku Polaków, którzy nie mogli zignorować błagań dwunastoletniego chłopca, samego jak palec. Pomaganie Żydom było ryzykowne, bo gdyby ktoś ich przyłapał, rozstrzeliliby ich na miejscu.

Stanley powiedział mi, że spał na cmentarzach, pod mostami, w polach, gdziekolwiek mógł się ukryć, w ciągłym strachu, że ktoś go znajdzie. Żebrał o najmniejszy kawałek jedzenia, a czasami głodował całymi dniami. Wielu ludzi bało się mu pomóc.

Trwała wojna, a on męczył się takim życiem, bał się i był samotny. Pomyślał, że jeśli mógłby jeszcze raz zobaczyć mnie i Papę, to chciał spróbować swojego szczęścia. Obserwował obóz, żeby zobaczyć, czy byliśmy w środku. Kiedy zauważył Papę, oddał się w ręce strażników przy bramie.

— Mendel, tak bardzo tęskniłem za tobą i Papą, że nie obchodziło mnie, czy mnie zabiją, jeśli jeszcze raz będę mógł was zobaczyć.

— Miałeś już jakiś kontakt z Papą? — zapytałem.

— Nie, nie widział mnie. A przynajmniej tak mi się wydaje. Ale mam nadzieję, że za niedługo będę mógł z nim porozmawiać, żeby wiedział, że tutaj jestem.

Długo czekałem, zanim powiedziałem mu o Jacobie i macosze. Przyjął to wszystko bardzo dzielnie. Biedny Stanley, już przez tak wiele przeszedł w swoim krótkim życiu, że ta wiadomość była dla niego po prostu kolejną okropną rzeczą. Chyba nawet nie zapłakał.

Mój pierwszy i jedyny przyjaciel w obozie zachorował i zmarł na krótko po tym, jak Stanleya przenieśli do naszego baraku. Zawsze myślałem, że umarł z powodu złamanego serca i tęsknoty za Lolkiem. Kiedy jego prycza się zwolniła, Stanley się na nią przeniósł. Nikt tego nie skomentował, a teraz mogliśmy szeptać do siebie w ciemnościach nocy. Wspaniale było mieć przy sobie Stanleya.

Nasz kapo ciągle był wobec mnie zawzięty i wciąż wysyłał mnie do najobrzydliwszych prac. Musiałem wyrywać zęby z martwych ciał. Szczególnie te ze złotymi plombami. Strażnicy otwierali usta tym, których dopiero co zabili, zanim ciała jeszcze nie zesztywniały, bo to utrudniałoby moje zadanie. Inną pracą było golenie głów martwych kobiet. Włosy wysyłali do fabryki, żeby wypełnić nimi materace.

Teraz kiedy Stanley był blisko mnie, już nie obchodziły mnie te wszystkie zadania. Robiłem, co musiałem, wiedząc, że wieczorem będę razem z bratem. Przynajmniej miałem kogoś, komu mogłem ufać, komu mogłem się zwierzyć i z kim mogłem dzielić swoją nienawiść. Zwierzyłem się Stanleyowi, że jeśli to wszystko przeżyję, jakoś się zemszczę. Każdej nocy dziękowałem Bogu za zwrócenie mi brata.

Od jakiegoś czasu czułem, że prędzej czy później ktoś odkryje nasze pokrewieństwo. Nasz kapo, który tylko czekał na okazję, żeby mnie zbić albo poniżyć, znowu znalazł mnie którejś nocy na ziemi zgniatającego wszy. Tym razem nic nie powiedział, tylko od razu zaczął mnie bić. Nie umiałem powstrzymać krzyków z bólu, a Stanley nie mógł zignorować odruchu, który kazał mu mnie ochronić. Zdjął swój chodak i rzucił go w stronę kapo, uderzając go w głowę. Kapo od razu na nas doniósł. Każdy rodzaj niesubordynacji, w tym uderzenie kapo, najczęściej kończyło się skazaniem na śmierć.

Czekaliśmy, mocno trzymając się za ręce. Kiedy kapo wrócił, wzięto nas do izolatki. To była chatka bez okien, z klepiskiem, bez koi. Trzymano nas tam bez jedzenia i wody aż do następnego dnia. Ale po raz pierwszy byliśmy tylko we dwóch, więc mogliśmy bez strachu rozmawiać. I tak też zrobiliśmy.

Następnego dnia, kiedy nas wypuścili, zabrali nas na plac, na którym stali więźniowie w wielu długich szeregach. Strażnicy popychali nas do platformy, na której stał mały stolik. Dookoła nas byli mężczyźni zwróceni w jej stronę. Przez głośnik mówiono zgromadzonym, że za chwilę będą świadkami czegoś niezwykłego. Rozkazano im stanąć tak, żeby każdy dobrze widział. Obserwatorów musiało być z dziesięć tysięcy. Dwóch strażników eskortowało nas na platformę i powiedzieli nam, że mamy się rozebrać. Stanley miał wtedy dwanaście, a ja czternaście lat.

Nasze nagie ciała związano sznurem i rozkazano nam oprzeć się o stół. Reszcie więźniom rozkazano liczyć, jeden, dwa, trzy, aż do stu. Za każdym razem byliśmy bici ciężkim, skórzanym pasem. W czasie bicia byłem pewny, że słyszałem, jak nasz ojciec woła „Moi synowie! Moi synowie!". Czułem rękę Mamy na policzku mówiącą mi, że czas wstawać do szkoły i słyszałem płacz Jacoba.

Kiedy liczenie się skończyło, rozwiązano nas i upadliśmy na ziemię, okaleczeni, z krwawiącym mięsem zamiast ciał. Mimo cierpienia znalazłem wystarczająco sił, żeby otworzyć oczy i spojrzeć na Stanleya. Czy jeszcze żył? Widziałem, jak poruszył ręką, a potem zemdlałem.

Te potwory jeszcze nie skończyły tortur. Nasze wymęczone, krwawiące z otwartych ran ciała zawleczono do beczki i zanurzono w jodynie. To było szybkie zanurzenie, ale wystarczyło, żebyśmy mdleli z okropnego bólu. Krew ciekła mi z ran na głowie do oczu i ust.

Byłem bliski śmierci i odzyskałem przytomność dopiero kilka godzin później. Pierwsze słowa, które usłyszałem, wypowiedział Stanley.

— Proszę, Mendel, nie poddawaj się! Dasz sobie radę, wciąż nie wiedzą, że jesteśmy braćmi. Proszę, nie umieraj, potrzebuję cię.

W odpowiedzi jęknąłem, nie mogłem ruszyć ustami. Były opuchnięte i skrwawione, nie mogłem zebrać myśli. Leżałem, próbując przypomnieć sobie, co mi się stało. Kiedy uświadomiłem sobie, przez jakie cierpienia przeszliśmy, desperacko chciałem uwolnić siebie, Stanleya i Papę z tego okropnego miejsca. Papa! Przypomniałem sobie jego krzyki w trakcie naszego bicia i zacząłem martwić się, co się z nim stało. Czy naprawdę je słyszałem, czy to tylko wyobraźnia płatała mi figle? Wyciągnąłem rękę do Stanleya, który z bólem nachylił się nade mną.

— Czy Papa naprawdę krzyczał? Jestem pewny, że go słyszałem. A ty? — zdołałem zapytać.

— Też go słyszałem, Mendel, ale kiedy spałeś, popytałem kilku więźniów. Oni też słyszeli, że ktoś krzyczał, ale powiedzieli, że strażnicy myśleli, że to marudzenie jakiegoś staruszka, więc go uderzyli w brzuch i wzięli z powrotem do baraku.

Głęboko zamyślony, pytałem sam siebie, jak ci Niemcy mogą oczekiwać, że wygrają wojnę przez bicie, gazowanie, torturowanie i zabijanie niewinnych ludzi. Myślałem o Jacobie, mojej macosze, sąsiadach, członkach naszej rodziny, którym odebrano życie i w tamtym momencie im zazdrościłem. Już nie musieli starać się przeżyć na tym straszliwym świecie, gdzie reszta z nas musiała cierpieć.

Jakiś tydzień po naszym biczowaniu w czasie apelu wywołano mój numer. Moje serce się zatrzymało. Myślałem tylko o tym, że przeżyłem to okrutne bicie tylko po to, żeby mnie teraz zabili. Trząsłem się. Stanley dotknął mojej dłoni i wyszeptał tylko jedno słowo: „Odwagi". Wstrzymałem oddech i próbowałem się nie rozpłakać.

Mój czas jeszcze się nie dobiegł końca. Rozkazano mi wystąpić z szeregu tylko po to, żeby przydzielić mnie do jakiejś pracy. To tylko kolejne obrzydliwe zadanie. Odetchnąłem z ulgą.

Esesman rozkazał mi iść za nim. Zabrano mnie razem z pięcioma innymi chłopakami i powiedziano nam o naszym zadaniu. Mieliśmy pracować w fabryce broni. Każdego ranka żołnierze z karabinami odprowadzali nas i przyprowadzali wieczorem. Inni więźniowie powiedzieli mi, że wybrano nas, bo wydawało się im, że byliśmy mądrzejsi od innych i byliśmy w stanie słuchać rozkazów bez zbędnych wyjaśnień. Byłem zadowolony, że znalazłem się w tej grupie, bo teraz nie musiałem czyścić wychodka. Poza tym mieliśmy dostawać dodatkową porcję chleba, którą mogłem podzielić się z ojcem i Stanleyem.

Szliśmy za strażnikiem przez około trzy kilometry i dopiero po tym spacerze mogliśmy zacząć pierwszy dzień pracy. To była duża hala, a kiedy nas przez nią prowadzono, uświadomiłem sobie, że niektórzy z pracowników to polscy cywile. Wszyscy byli najedzeni i dobrze ubrani. Byli najlepiej zadbanymi ludźmi, jakich widziałem od długiego czasu. Pomyślałem, że może z czasem będę mógł z nimi porozmawiać i dowiedzieć się, jak mijała wojna i co działo się poza więzieniem. Nawet rozpoznałem dwie albo trzy twarze ludzi, których znałem z Radomia. Fabryka nie była daleko od miasta. Trudno było mi do nich nie podbiec i się nie przywitać.

Kazano nam sprzątać fabrykę i przenosić maszyny z magazynu do zakładu. Cały teren był mocno strzeżony przez żołnierzy, więc nawet jeśli mogliśmy się swobodnie poruszać, wciąż byliśmy w więziennych ubraniach i nie mieliśmy szansy na ucieczkę. Gdybyśmy próbowali uciec, od razu by nas zauważono. Wieczorami musieliśmy ustawiać się w szeregu przy bramie i szliśmy z powrotem do obozu koncentracyjnego. Wiedziałem, że czekał na mnie Stanley i nie mogłem się doczekać rozmowy z nim.

Mimo dodatkowego chleba nigdy nie miałem wystarczająco jedzenia. Rosłem, stąd ten ciągły głód. Czasami, zamiast podzielić się ze Stanleyem, sam jadłem cały chleb. Czułem się jak zwierzę i miałem wyrzuty sumienia. Odkładałem kawałek do kieszeni koszuli, powtarzając sobie „To dla Stanleya". Ale zanim dzień się skończył, zanim sobie uświadomiłem, co robię, chleba już nie było.

Raz na jakiś czas Stanley odkładał dla mnie kawałek chleba i mimo tego, że wiedziałem, że to on powinien go zjeść, nie umiałem mu odmówić. Kiedy któregoś dnia zwierzył mi się, że zjadł kawałek, który miał być dla mnie, powiedziałem mu, że zrobiłem to samo. Prawie się popłakaliśmy.

Praca w fabryce otworzyła mi drzwi do nowego świata. Cieszyłem się z przywileju chodzenia między magazynem a zakładem. Przyjemnością była rozmowa z kimś spoza więzienia. Większość Polaków bała się rozmawiać z więźniami, ale w każdej grupce zawsze znalazł się ktoś odważniejszy od innych. Ciekawiło ich nasze życie za drutem kolczastym. Kiedy powiedziałem im o niektórych torturach, których doświadczyłem, zmiękły im serca i, ryzykując tym, że mogli ich ukarać, od czasu do czasu chowali dla mnie trochę więcej jedzenia. Któregoś dnia znalazłem chleb i kiełbasę zawinięte w szmatę i ukryte pod moim warsztatem. Jakie to było pyszne! Udało mi się część zostawić dla Stanleya, ale nie było szansy na to, żeby kawałek chleba udało mi się dać Papie.

Liderem naszej małej grupki był młody mężczyzna w wieku około dziewiętnastu lat. Powiedział nam, że już prawie skończył liceum, kiedy zabrano go do obozu. Nazywał się Abraham. Pamiętam, że był mądry, agresywny i zawsze coś knuł. Opowiedział mi o swoich planach pomocy podziemiu, bo wiedział, że niektórzy pracownicy fabryki do niego należeli.

Zamiatałem podłogę niedaleko kubłów któregoś dnia, kiedy usłyszałem, jak ktoś wołał mnie niskim głosem. Odwróciłem się i zobaczyłem klęczącego Abrahama.

— Zamiataj dalej, Mendel, ale słuchaj uważnie, co ci powiem. Obserwuj niemieckiego strażnika i mów, jeśli będzie szedł w tę stronę.

Odpowiedziałem mu kiwnięciem głowy.

— Miałem okazję porozmawiać z przywódcą podziemia i jest szansa, że możemy pomóc. Chcesz pomóc, prawda, Mendel?

— Oczywiście. Zrobię wszystko, co mogę, żeby pomóc.

— Słuchaj uważnie, co mówię.

Zaczął opowiadać mi o szczegółach mojego zadania. Każdy

chłopak w naszej grupie dostawał te same instrukcje. Skoro mieliśmy dostęp do magazynu, mieliśmy ukraść części pistoletów albo małe bronie. Mieliśmy je przenieść do ustalonego miejsca w fabryce. Było to niezwykle niebezpieczne, ale w końcu mieliśmy szansę walczyć z naszym wrogiem. Kiedy małe części zostały dostarczone, dawali nam w nagrodę za dobrą robotę kawałek chleba.

Części pistoletów były wszywane do ubrań członków ruchu podziemnego i zabierane poza fabrykę. W sekretnej lokalizacji były one później składane w kompletną broń, którą następnie przekazywano dalej tam, gdzie była potrzebna. Myśl o tym, że jedna z części, które przemyciłem, a potem kolejna i jeszcze jedna, kiedyś posłużą do zabicia Niemców, była wystarczająco satysfakcjonująca, żeby przekonać mnie do wykonania tego niebezpiecznego zadania.

Martwi Niemcy byli jedyną motywacją do wykonywania tej pracy.

Ostrzeżono nas, żebyśmy nie przenosili części do większych broni. Tych nie można było dobrze ukryć albo przemycić obok strażników. Z czasem dowiedziałem się, kto był przywódcą ruchu i od czasu do czasu, kiedy nikt nie patrzył, nawiązywaliśmy kontakt wzrokowy. Dumny byłem z bycia częścią konspiracji i z tego, że wiedziałem, że robię coś, żeby pomóc naszym ludziom. Chleb, który otrzymywałem, był wisienką na torcie. Poza tym był to dobry chleb, świeży. Niczym nie przypominał tego suchego i często robaczywego chleba, który dostawaliśmy w obozie. Miałem go wystarczająco dużo, żeby kawałek zanieść Stanleyowi i gdyby był sposób na to, żeby dostać się do Papy, to i dla niego coś by się znalazło. Ciągle martwiłem się, że Papa nie miał wystarczająco do jedzenia. Po raz pierwszy od dłuższego czasu byłem zadowolony i z każdym dniem coraz pozytywniej patrzyłem na życie.

Pomagałem zwalczyć wroga. Szedłem spać bez bólu z głodu, a Stanley był bezpieczny i blisko mnie. Miałem namiastkę wolności i każdego dnia, dzięki dodatkowemu jedzeniu, miałem więcej energii. Po pracy i spacerze do i z fabryki byłem tak zmęczony, że łatwiej mi się zasypiało. Koszmary, które mnie męczyły, stopniowo zanikały i prawie stały się przeszłością. Życie, nawet w takim stanie, było do zniesienia.

Ale wszystko, co dobre, kiedyś się kończy.

Po kilku tygodniach mojej nowej rutyny wciąż brałem udział w misji, kiedy jeden z moich chodaków złamał się w pół. Zamiast zwolnić, ściągnąłem drugi but i pracowałem na bosaka. Kończyłem już pracę, kiedy nagle poczułem kłujący ból w stopie. Zobaczyłem, że kawałek zardzewiałego metalu naciął mi skórę. Bałem się to zgłosić, bo każda niezdolność do pracy mogłaby oznaczać eksterminację, więc przez dwa dni kuśtykałem w bólu, aż infekcja stała się tak poważna, że moja stopa była trzy razy większa niż normalnie i była w każdym kolorze tęczy, nie mówiąc już o okropnym zapachu. Lekarz w obozie od razu zauważył, że coś było nie tak, bo była zima, więc moja stopa kontrastowała z białym śniegiem. Zabrał mnie do ambulatorium, oczyścił ranę i kazał zostać na noc. Gdyby lekarz mnie nie opatrzył, moja rana mogłaby być śmiertelna. Jakie było to szczęście w nieszczęściu!

Następnego ranka, nie pytając lekarza o zgodę, pokuśtykałem do fabryki, niecierpliwy, żeby na coś się przydać. Kiedy dotarłem na teren fabryki, w oddali zauważyłem ciała leżące w śniegu. Trupy były porozrzucane po ziemi w różnych pozycjach, otoczone rozbryzganą krwią, która kontrastowała ze świeżym śniegiem. Rozpoznałem w nich moich pięciu współpracowników. Ktoś doniósł na naszą grupę i nasze plany przeciwko Niemcom zostały odkryte. Oszacowałem, że miałem umrzeć jakąś godzinę wcześniej. Gdybym był tam z nimi, ja też byłbym częścią trupów leżących twarzą w dół. Jeszcze jeden cud albo interwencja ręki boskiej uratowała mi życie. Tym razem życie zawdzięczałem małemu kawałkowi metalu.

Moje myśli goniły, bo wiedziałem, że muszę coś zrobić, żeby nie być rozpoznanym jako członek grupy. Urwałem naszywkę z numerem wszytym do koszuli i zakopałem ją głęboko w ziemi. Na szczęście strażnik, który był na służbie, był nowy. Zatrzymał mnie, kiedy zauważył, że nie mam numeru. Pomyślałem *To już koniec, jestem martwy.* Powiedziałem mu, że go zgubiłem i że byłem w drodze go odzyskać.

— Upewnij się, że go znajdziesz — powiedział i pozwolił mi przejść.

Zdecydowałem się nie wracać do fabryki, a jeśli ktoś by mnie o to pytał, mogłem użyć mojej stopy jako wymówki.

Przez kilka dni żyłem w ciągłym strachu. Za każdym razem, kiedy drzwi baraku się otwierały, myślałem, że idą po mnie. Żałowałem moich przyjaciół, tęskniłem za dodatkowym chlebem, ale bałem się wrócić.

Po jakimś czasie zapomniano o tym wydarzeniu. Stanley i ja pomyśleliśmy, że może myśleli, że zabili nas wszystkich albo że to masowe morderstwo odstraszy każdego, kto mógł współpracować z grupą. Jeśli strażnicy mnie podejrzewali, nikt nic nie powiedział ani nie zrobił. Sprawa była zamknięta.

W tamtym czasie do obozu codziennie przyjeżdżały setki więźniów z Holandii, Francji i Grecji, a wśród nich po raz pierwszy kobiety i dzieci. Przydzielano je do osobnych, na szybko postawionych baraków, aż nie przyszedł czas by je rozstrzelać albo zagazować. Niemcy byli bardzo zajęci wysyłaniem tych biednych kobiet i dzieci do krematoriów. Zanim je zabito, kobiety dodatkowo poniżano: obcinano im włosy, golono im głowy.

W końcu usłyszałem plotki — nasze jedyne źródło informacji — że moich przyjaciół z fabryki zdradził nasz własny lider-cywil podziemia. Śledzono go i obserwowano przez kilka dni, więc kiedy Gestapo go w końcu aresztowało, powiedział im o wszystkim, sądząc, że dzięki temu uratuje własną skórę. Skończył z kulą w głowie. Nasza operacja na jakiś czas się opóźniła i wielu patriotów pracujących dla podziemia już dłużej nie mogło pomagać.

Dnie i noce znowu mijały powoli. Bez dodatkowego chleba i kawałków kiełbasy zacząłem ponownie tracić na wadze. Potem opuściły mnie wszystkie siły i mogłem tylko leżeć na swojej pryczy w bezruchu, znajdując energię tylko na to, żeby oddać mocz, iść na apel albo po jedzenie. Nie wiem, jak jedna osoba mogła być tak przepełniona nienawiścią jak ja. Wściekłość wypełniała każdą minutę każdego dnia. Nie miałem o czym innym myśleć. Codziennie byliśmy świadkami bicia. Wychudzone twarze i kościste ciała więźniów były żywym dowodem na głodzenie. Terror pochłonął nasze ciała, przerażenie wypełniło oczy. Żyliśmy w strachu, niepewni, czy dożyjemy kolejnej nocy. Każdego dnia kogoś z naszego baraku zabierano i już więcej nie wracał.

Moim jedynym pocieszeniem był Stanley. Z jego pomocą i ciągłym podtrzymywaniem na duchu wciąż chciałem żyć. Czasami godzinami rozmawialiśmy tym momencie, który na pewno przyjdzie, w którym zostaniemy wyzwoleni. Rozmawialiśmy o dorastaniu i założeniu rodziny, jak Papa i Mama, ile dzieci będziemy mieć i gdzie będziemy mieszkać. Wielu ludzi chciało jechać do Izraela po zakończeniu wojny, inni do Ameryki. Ja tylko chciałem być bezpieczny i znowu wolny.

Któregoś dnia nasz kapo z głośnym krzykiem wbiegł do baraków. W obozie odbyła się seria kradzieży, głównie jedzenia. Kapo powiedział nam, że jeśli będą musieli wszystkich wystrzelać, żeby dojść do tego, kto to zrobił, to tak będzie.

Stanley i ja, tak samo jak inni więźniowie, w duchu cieszyliśmy się, że takie rzeczy się działy i że ktoś dawał tym okrutnym nadzorcom coś innego, czym musieli się zająć.

Przez kilka tygodni każdego wieczora mąka, chleb, sól i inne produkty znikały z półek w kuchni. To była wielka niewiadoma. Nikt nic nie wiedział na ten temat i każdy przysięgał, że nie był w to zamieszany. Zastanawialiśmy się, dlaczego po prostu nie postawili kogoś na straży? Kiedy tajemnica się rozwiązała, nasze serca przepełniła radość.

To był zwykły dzień, nic specjalnego, tylko padało więcej niż zwykle. Część obozu była w błocie. Staliśmy w szeregu jak co dzień. Tamtego dnia ciężarówka, która wywoziła odchody z latryn, musiała jechać inną trasą, żeby nie utknąć w błocie. A mimo to jedno koło zapadło się w ziemię. Kazano nam ją wykopać, ale im więcej kopaliśmy, tym głębiej się zapadała.

Strażnicy uważnie nas obserwowali, bo chodziła plotka, że jedna kobieta i pięciu mężczyzn uciekli z więzienia. Jak to nas cieszyło! To był główny temat wszystkich rozmów, zastanawialiśmy się, jak to zrobili. To jednak sprawiło, że strażnicy byli jeszcze bardziej uważni niż zwykle, zaczęli też liczyć nas dwa razy. Byliśmy wzywani na apele o przypadkowych godzinach dnia i nocy. Nikt więcej nie mógł uciec, więc każdy nasz ruch był monitorowany. Pytanie, na które chcieliśmy znać odpowiedź, to to, jak ktoś zdołał uciec z tak dobrze strzeżonego więzienia? Wiedzieliśmy, że musiał to być cud boży. Tajemnica za niedługo została rozwiązana w najdziwniejszy sposób.

Kopaliśmy wokół opon ciężarówki, ale nie zdołaliśmy jej ruszyć. Strażnik zawołał kilku mężczyzn z naszego baraku, żeby pomogli wypchnąć albo podnieść ją z błota, które przypominało ruchome piaski. Kiedy w końcu udało nam się ruszyć ciężarówkę, jeden ze strażników zauważył pod błotem uklepany piasek. To go trochę zdziwiło, więc przyprowadził psa. Strażnicy coś podejrzewali, więc kazali nam dalej kopać.

Po kilku minutach intensywnego kopania natrafiliśmy na tunel. Serce stanęło mi w gardle. Powiedziano mam, że mamy się przesunąć i dwóch strażników wskoczyło do środka.

Parę chwil później pięciu więźniów wygrzebało się na powierzchnię, byli bladzi i trzęśli się, przerażenie odbijało się im na twarzach.

Jak się potem dowiedzieliśmy, byli tylko parę metrów od głównej bramy, od wolności i wszystkiego, co się z tym wiązało. Serce mnie bolało z ich powodu. Byli tak blisko, a jednak ich odkryto! Jeszcze dwa tygodnie pracy i w końcu byliby wolni.

Byliśmy pewni, że ich zastrzelą albo wyślą do gazu, ale z jakiegoś powodu byli tylko pobici przed zgromadzonymi więźniami, żeby dać im lekcję. Grupę uciekinierów rozbito, każdego przydzielono do innego baraku.

Jednego z nich przydzielono do mojego i to od niego dowiedziałem się całej historii. Ucieczkę planowali od wielu miesięcy. Ich barak był prawie półtora metra ponad ziemią, z porządną podłogą — prawdziwy luksus. Oni też spali na sianie i to właśnie jego użyli, żeby ukryć swoją pracę. Wymyślenie planu wymagało od nich dużo czasu i sprytu. Musieli zdobyć zapasy jedzenia, ubrania, światło do pracy i narzędzia na wypadek, gdyby trafili na skałę. Potrzebowali też łopat, i to dużo, żeby zastąpić te zużyte. Najpierw musieli usunąć podłogę pod pryczą jednego z mężczyzn i zacząć kopać. Ta półtorametrowa przerwa między podłogą a ziemią była idealnym miejscem na schowanie wykopanego piasku. Kiedy tylko inni więźniowie zasnęli, oni zaczynali kopać. Jeden z nich kopał, drugi trzymał wartę. Kiedy się zmęczyli, zamieniali się.

Jeden z mężczyzn miał w obozie siostrę i był zdeterminowany, żeby do nich dołączyła. Od jakiegoś czasu była chora, tylko tyle o niej wiedział, ale był przekonany, że wróci do zdrowia, kiedy tylko ucieknie z więzienia. Ale jak przekazać jej informacje, gdzie kopać, żeby ją uwolnić? Potem, z boską pomocą, nadarzyła się okazja. Niezdolna do wytrzymania więziennego rygoru i braku jedzenia chorowała, dopóki więzienny lekarz nie był pewny, że umrze. Miał w sobie krztynę wyrozumiałości i zgodził się na kilkuminutową rozmowę z bratem. Brat powiedział jej, żeby wytrzymała. Za kilka tygodni wykopią tunel do miejsca, w którym leżała. Rozejrzał się dookoła celi i w myślach narysował mapę z dokładnym miejscem, gdzie była jej prycza. Na szczęście znajdowała się na parterze. Powiedział jej, że ma nasłuchiwać dwóch stuknięć w podłogę.

Pierwszy tunel prowadził do kuchni, gdzie nie tylko przedostali się przez podłogę, żeby zdobyć jedzenie, ale znaleźli też źródło prądu. Potem kopali do magazynu, w którym znaleźli różnego rodzaju narzędzia, kable i inne przedmioty potrzebne im do oświetlenia sobie pracy, elektryczne wiertło i ubrania. W końcu dokopali się do baraku kobiet, gdzie po wielu miesiącach jeden z więźniów dotarł do swojej siostry.

Nigdy nie zapomnę, jak nieziemsko blade były ich twarze od życia w tunelach. Mieli wystarczająco jedzenia, ale mieszkanie pod ziemią odbiło się na ich zdrowiu. Współczułem im. Ogromnie się napracowali i każdego dnia żyli w strachu, że ktoś ich odkryje. A potem, tak blisko celu, ich przyłapano. Ich marzenie o wolności się skończyło.

Nawet Niemcy musieli docenić ich siłę, hart ducha i geniusz ich planu. Kiedy wykopaliśmy ich tunel, na twarzach Niemców pojawił się szok i niedowierzanie. Pięć mężczyzn i jedna rudowłosa kobieta pracowali nocami przez prawie dwa lata, kopiąc tunel i żyjąc pod ziemią. Wszyscy w więzieniu podziwiali tych odważnych ludzi, Niemcy tak samo.

Dowiedziałem się, że niemiecki oficer kazał strażnikom zrobić zdjęcia tunelu i sprawdzić, czy nic się nie zawali. Po kilku dniach nasza codzienna rutyna wróciła do normy i niedługo potem mało albo nic nie mówiono o tym incydencie. Znowu wszyscy skupili się na tym, żeby przetrwać.

Strażnicy zrobili z naszego życia prawdziwe piekło. Byli zdeterminowani, żeby żaden inny więzień nie uciekł i stali się bardzo brutalni. Częściej nas bili i to na nas wyładowywali swój wstyd.

W końcu Niemcy ucierpieli z rąk Rosjan i potrzebowali każdego dodatkowego człowieka do swojej armii, ale w obozie nie mogli pozwolić sobie na oddanie strażników. Jaką ulgę i radość czuliśmy, kiedy widzieliśmy, jak Niemcy przegrywają! Nasze nadzieje urosły i myśleliśmy tylko o możliwej wolności.

Kiedy dni mijały, Niemcy byli coraz słabsi na rosyjskim froncie. Ich armia się wycofywała. Strażnicy w obozie zostali zamienieni na starszych mężczyzn. Młodzi i silni byli potrzebni na froncie. Wiedzieliśmy, że przegrywają, bo dostawaliśmy dodatkowe bicia i kary. To był jedyny sposób, w jaki mogliśmy domyślić się, co działo się poza obozem. Z drugiej strony, każdy mały sukces Niemcy świętowali śpiewem i tańcem, więc i takie wiadomości do nas docierały.

W nocy słyszeliśmy ciężkie bombardowania. Z okna naszego baraku widziałem czerwone błyski z broni i wielkie chmury dymu w oddali. Moje serce na nowo wypełniła nadzieja. Byłem pewny, że Rosjanie się zbliżają, ale nie wiedziałem, jak blisko byli. W głębi ducha cieszyłem się. Nie wiedziałem, jaki będzie nasz los w rękach Rosjan, ale przynajmniej Niemcy byliby zabici albo okaleczeni. Pocieszałem się myślą, że tysiące z nich nie zobaczy już więcej swoich rodzin. W końcu te niemieckie rodziny poczują taki sam smutek i ból, jaki wywołali w nas.

Bomby było słychać częściej i bliżej. W końcu przyszedł dzień, w którym niemieccy oficerowie wydali rozkaz ewakuacji obozu.

Spędziłem w więzieniu trzy długie lata, a teraz miałem z niego wyjść i pójść nie wiadomo, gdzie. Miałem siedemnaście lat i chociaż wciąż byłbym traktowany jak chłopiec, doświadczyłem piekła, które bardzo mnie postarzyło.

Zmniejszono nasze racje jedzenia. Oddziały na froncie potrzebowały więcej prowiantu, jak nam powiedziano. *Niech głodują jak my*, pomyślałem. Stałem się żywym szkieletem, nie miałem na nic siły. Gdyby nie pomoc Stanleya, nigdy bym nie przeżył tej części naszego życia.

Kazano nam ustawić się do wieczornego liczenia i wtedy nam powiedziano, że Rosjanie są tylko sto kilometrów od nas i że się szybko zbliżają. Skurcz radości przeszedł przez moje ciało jak symfonia pięknej muzyki, uczucie niesamowitego szczęścia. Choć byliśmy słabi, Stanley i ja złapaliśmy się za ręce i mocno trzymaliśmy.

O świcie opuściliśmy obóz. Tysiące więźniów wolno przechodziło przez bramę i szło dalej, poza druty kolczaste i mury. Nie wiedzieliśmy, gdzie szliśmy. Niemieccy strażnicy jechali na koniach i biczem mówili nam, że mamy się pospieszyć.

Po wielu kilometrach dotarliśmy do obrzeży Radomia. Przejście przez ulice miasteczka, które kiedyś tak kochałem, wywołało we mnie wiele wspomnień. Przyglądałem się miejscom znanym z młodości. Ledwo robiąc krok za krokiem, myślałem o planach na przyszłość, które wtedy miałem. Myślałem o Ewie, o Itzrocku i tych wszystkich okropnościach.

Wycieńczony, odwróciłem głowę i popatrzyłem na naszą kamienicę, kamienicę, w której umarła moja matka. Na okno, przez które oglądałem mężczyzn grających na instrumentach i idących w stronę miasta. Na schody, na których pan Guttman siadał i narzekał na swoje córki, i na restaurację, gdzie pracowałem i pomagałem rodzinie Itzrocka. Ale budynek wyglądał trochę inaczej, był mniejszy niż pamiętałem, i zaniedbany. Pomyślałem, że ja też wyglądałem inaczej, też byłem zniszczony.

Zauważyłem, że wielu Polaków patrzyło na nas przez okna. Zastanawiałem się, co musieli sobie myśleć, patrząc na te skóry i kości, na tę obszarpaną, bosą masę ludzi zaganianych ulicą jak bydło. Czy widzieli tę niesprawiedliwość i nieludzkość, czy ich to zezłościło? Czy bali się, że i oni któregoś dnia mogą stać się ofiarami tego szaleńca? Spojrzałem na Stanleya, który szedł niedaleko przede mną. Jego usta były otwarte, ale oczy chyba zamknął, włóczył skrwawionymi stopami.

Po drodze szydzili z nas Niemcy. Zatrzymywali przy nas swoje konie i pytali obrzydliwie milutkim głosem: „Zmęczyłeś się? Za słabo ci, żeby iść dalej? Chciałbyś jechać na koniku"? I śmiali się. Nikt im nie odpowiadał, nie oczekiwano żadnej odpowiedzi.

Od czasu do czasu strażnicy wyciągali pistolety i na oślep strzelali do jakichś biedot. Niektórych, tych za wolnych albo potykających się, wiązano do drzew i rozstrzeliwano. „Krzyżyk na drogę!", krzyczeli Niemcy i galopowali dalej. Setki więźniów straciło życie w ten sposób, po tym wszystkim, przez co przeszli za drutami.

Maszerowaliśmy gorącymi, letnimi miesiącami i pamiętam, że prawie oszalałem z pragnienia. Kurz przyklejał się do mojego spoconego ciała, trudno było mi oddychać przez upał i pył, a moje gołe stopy bolały i paliły. Odcisk na odcisku, czułem się tak, jakby moje kostki i nogi były połamane. Nie było godziny, w której nie dziękowałem Bogu za to, że Stanley był blisko.

— Damy radę, Mendel. Nie chcesz, żeby cię zastrzelili. Damy radę.

Dziękuję mojemu bratu, Stanleyowi za pomoc w tych okropnych czasach, bo sam bym się już dawno poddał.

Czasami, kiedy trzeba było coś zrobić przy koniach, pozwalano nam się zatrzymać i przez chwilę odpocząć z boku drogi. Widziałem kałużę błotnistej wody i na kolanach przyczołgałem się do niej, i piłem małymi łykami. Na bok odsuwałem martwe robaki i obrzydlistwo, które pływało po powierzchni, ale chociaż trochę koiło to moje wysuszone gardło. Nie miałem w ustach żadnej śliny, a kałuża okazała się błogosławieństwem. Dano nam trochę starego chleba po drodze, ale bez śliny prawie nie dało się go przełknąć. Okruszki przyklejały się do mojego podniebienia i zamieniały się w twardą bryłę. Byłem zdesperowany i bałem się zakrztusić. W końcu udało mi się to przełknąć.

Po czterech dniach i czterech nocach tortur dotarliśmy do Tomaszowa. Zaprowadzono nas do dużego budynku, który kiedyś służył za hangar. Słabi, chorzy i głodni tkwiliśmy w hali jak zwierzęta. Każdy bał się, że nas zagazują. Kiedy nas popychano przez drzwi, myślałem o budynkach, które w obozie służyły za komory gazowe. Były mniejsze niż ta hala, miały szklane sufity. Strażnicy i oficerowie stali na szczycie dachu i przyglądali się agonii i duszeniu się bezbronnych Żydów. Ci Niemcy musieli być szaleni albo nieludzcy. Nikt się nie ruszał. Cisza była ogłuszająca. Oto nadszedł nasz czas, teraz umrzemy. Podniosłem wzrok i zauważyłem na więźbie małe kurki. Doszedłem do wniosku, że to w ten sposób wpuszczą do hali trujący gaz.

Nagle wybuchła panika, ludzie zaczęli płakać i prosić o pomoc. Każdy upadł na kolana, modląc się i błagając o swoje życie. Zemdlałem z wycieńczenia, bólu i głodu.

Stanley zaciągnął mnie do ściany budynku, martwiąc się, że inni mnie zadepczą. Potrząsał mną, dopóki nie odzyskałem przytomności i błagał mnie, żebym usiadł.

— Proszę, Mendel, obudź się, musimy znaleźć Papę! Nie mogę iść sam, nie zostawię cię — płakał.

— Już nie mogę, Stanley, już nie mogę...

Złapał mnie mocniej i postawił na nogach. Przez łzy łamiącym się głosem zachęcał mnie do pójścia z nim. W hali panował całkowity chaos.

Niemiecki oficer stanął na krześle i zaczął krzyczeć. Stopniowo przyciągał uwagę tłumu.

— Macie być cicho, nie chcemy niepokoić polskich mieszkańców. Ten budynek to nie to, co myślicie. Będziecie tu tylko przez kilka godzin, dopóki nie przyjedzie pociąg, żeby przetransportować was do bezpieczniejszego miejsca. To jeszcze nie jest wasz koniec. Jeśli mi nie wierzycie, zostanę tu z wami, dopóki nie pójdziecie dalej.

Po tym zapewnieniu ludzie uspokoili się i usiedli w małych grupkach. Trzymano nas w hangarze przez około dwadzieścia cztery godziny i w tym czasie nakarmiono nas trzy razy. Dano nam zupę, chleb i kawę. Zacząłem się lepiej czuć i odzyskałem trochę sił. Przez kilka godzin udało się nam odpocząć. Pomyślałem, że może ten Niemiec, tak niepodobny do setki innych, których spotkałem, mówił prawdę. Przypomniałem sobie pana Schmidta, który w getcie był dla mnie tak dobry. Dwóch z setek innych. A potem zasnąłem.

Nagle głośny głos oznajmił, że pociąg przyjechał i był gotowy na transport. Mieliśmy się podnieść i przygotować do dalszej wędrówki. Ustawiliśmy się w pięciu rzędach i wymaszerowaliśmy na zewnątrz, gdzie okazało się, że pociąg składał się tylko z rzędu wagonów dla bydła. Traktowano nas jak zwierzęta i podróżowaliśmy jak zwierzęta. Złapałem Stanleya za ramiona i zacząłem człapać w stronę pociągu.

Kiedy zatrzaśnięto za nami drzwi, w wagonie nastąpiła prawie całkowita ciemność, z wyjątkiem kilku małych szpar i malutkiego okienka z tyłu wagonu, pokrytego drutem kolczastym. Czemu ci Niemcy pokryli to okienko drutem? Jak ktoś miałby uciec z tych wagonów? Byliśmy tak ściśnięci, że nawet nie było gdzie się odwrócić.

Niedługo potem ludzie zaczęli umierać z braku powietrza i ścisku. Trupy leżały, gdzie padły, a potem stawano na nich, żeby zrobić sobie więcej miejsca. Po chwili układaliśmy ciała jedno na drugim i używaliśmy ich jak drabiny, żeby dostać się do małego okienka. Każdy po kolei wspinał się na trupy i oddychał przez chwilę świeżym powietrzem. Mijała godzina za godziną, a my wciąż nie dostaliśmy jedzenia ani picia. Nie podróżowaliśmy jak zwierzęta — było znacznie gorzej. Bez wychodka i wśród śmierdzących trupów, zaskakujące było, że ktoś w ogóle przeżył ten transport.

Był tam mężczyzna, pan Levi, który oddał mi swoją kolejkę i pozwolił mi pooddychać świeżym powietrzem po raz drugi.

— Miałem trzech synów, Mendel. Ty i Stanley bardzo mi ich przypominacie. To byli piękni chłopcy. Wyglądali jak ich matka. Oddychaj głęboko. O, potrzymam cię.

Ten kolejny wdech był kolejną szansą na przeżycie.

Podziękowałem mu za oddanie mi swojego świeżego powietrza.

Popatrzył na mnie smutno i powiedział mi, że kiedyś mu się powodziło i że zawsze pomagał tym biedniejszym. Teraz jedynym, czym mógł się podzielić, to powietrze.

Po kilku kolejnych godzinach, ciało pana Leviego służyło jako kolejny schodek do okienka.

Kiedy przyszła moja kolej pooddychać, przez parę chwil patrzyłem dookoła i zauważyłem, jak pięknie kolorowy był świat. Świat, którego od trzech lat nie widziałem. Pola były zielone, na drzewach były liście, kwiaty kwitły. Dodało mi to siły i sprawiło, że chciałem żyć bardziej niż kiedykolwiek wcześniej. Stanley i ja pochyliliśmy głowy i modliliśmy się o wolność.

Tkwiliśmy w tym wagonie jak stado zwierząt, w drodze dokąd? Może do rzeźni. Do innego obozu? Gdzie? Kiedy przysłuchiwałem się rozmowom więźniów próbujących wymyślić, gdzie jechaliśmy i co planowali dla nas Niemcy, ich głosy raniły mi serce jak ostre narzędzia. Chciałem krzyknąć, żeby przestali, ale nie miałem tyle siły.

Podczas naszego zniewolenia nigdy nam nie mówiono, gdzie nas zabierano. Wszyscy godzinami podróżowali w strachu, że jadą do gazu. Tak wiele godzin cierpieli, myśląc, że to ich ostatnie chwile życia. Ktoś zawsze pytał: „O Boże! Czemuś nas opuścił?".

Przystanki zawsze wydawały się nagłymi decyzjami. Wciskano hamulce, co powodowało okropny pisk i wszyscy w wagonie na siebie wpadali. Kiedy pociąg się zatrzymał, potykaliśmy się o trupy i przewracaliśmy się.

Raz, kiedy upadłem i przygniótł mnie trup, powiedziałem mu, że teraz ma się lepiej, choć tak naprawdę w to nie wierzyłem, bo sam wciąż walczyłem o przeżycie. Dziwny jest ludzki umysł. Wmawiałem sobie, że chcę umrzeć, ale coś podświadomie kazało mi żyć.

Po kilku dniach w końcu dotarliśmy do tego tajemniczego celu. To było Auschwitz, najsłynniejszy obóz koncentracyjny. Mówiono, że tutaj komory gazowe działają dniami i nocami, żeby nadążyć za masowymi morderstwami. Nadzieja znowu mnie opuściła i jej miejsce zajął strach przed śmiercią.

Kiedy wyszliśmy ze smrodu i brudu wagonów, kazano nam stanąć w linii, po dziesięciu w szeregu, metr odstępu między szeregami.

Przed bramą Auschwitz stała grupa niemieckich lekarzy. Mieli ubrane białe fartuchy poplamione krwią. Przypominali rzeźników i nimi właśnie byli. Tylko że mięso było ludzkie, a nie zwierzęce. Patrzyłem na ich skrwawione ręce i myślałem o tych Żydach, których torturowali, zabijali, okaleczali, na których eksperymentowali. Byliśmy im obojętni. Byliśmy tylko kolejną grupą Żydów do załatwienia. Młodych oddzielić od starych, zdrowych od chorych. Potem znowu wypuścić gaz dla tych nieszczęśliwców, których wybrano do śmierci.

Kazano nam się rozebrać i ułożyć ubrania na kupce przed nogami, żeby mogli nas zbadać. Słyszałem, jak kogoś nazwano doktorem Mengele i wiedziałem, że to już koniec. Słyszeliśmy, że był on współpracownikiem Eichmanna i pomyślałem, że pewnie będziemy poddani najgorszym torturom. Modliłem się, żeby Stanley, Papa i ja byliśmy silni.

Lekarz powoli podchodził do miejsca, w którym stałem ze Stanleyem. Ponieważ Stanley był niski jak na swój wiek, wiedziałem, że nie będzie miał szans, więc wsunąłem mu stopę pod jego, i to samo zrobił więzień obok nas. Stanley wydawał się wyższy, kiedy stał na naszych stopach. Teraz był prawie tak wysoki jak ja i była szansa, że nie zauważą go, kiedy będą wybierali tych do gazu. Lekarz nas ominął i wysunęliśmy nasze stopy.

Na koniec badania kazano nam wystąpić z szeregu albo na prawo, albo na lewo. Jedna grupa miała być zgładzona, a druga... kto wie? Próbowałem zobaczyć, gdzie był ojciec. Ale nie udało mi się to, bo szeregi rozciągały się w oddali. Zaczynałem się zastanawiać, czy przeżył marsz śmierci i jazdę pociągiem. *Proszę, Boże, niech będzie żywy*, błagałem. Stanleya i mnie znowu oszczędzono.

Ofiary zostały wybrane i teraz będą wysłane na śmierć. Wstrzymałem oddech, kiedy lekarz odwrócił się od nas i powiedział strażnikom, żeby zabrali drugą grupę.

Żeby zagłuszyć krzyki ludzi prowadzonych do krematorium, grupa nagich Cyganek uderzała w bębny. Wiedziałem, że za chwilę oszaleję. Wbiłem paznokcie w skórę i próbowałem powstrzymać się od krzyku i zwrócenia na siebie uwagi.

Po staniu w szeregu nago przez kilka godzin dano nam nowe

pasiaki. Te stare były w strzępach. Dostaliśmy kromkę chleba i plasterek kiełbasy. To była prawdziwa uczta. Od kilku dni nic nie jedliśmy. Szybko zjadłem, tak samo jak reszta. Potem dopiero zauważyłem, że niemieccy strażnicy śmiali się, jakby byli świadkami czegoś okropnie zabawnego.

— I jak, smakowało? — jeden zapytał.
— Dobre — powiedział jeden z więźniów.
— Świetnie. Właśnie zjadłeś ludzkie mięso.

Mężczyzna zwymiotował.

Odwróciłem głowę.

---

Obóz był otoczony drutem kolczastym pod napięciem. Wszędzie wisiały znaki informujące, że jeśli ktoś zbliży się na więcej niż dwa metry do płotu, to porazi go prąd. Wiedziałem, że to prawda, bo widziałem, jak ktoś w ten sposób umarł.

Mała dziewczynka, która wyglądała na może siedem lat, włóczyła się tego dnia po obozie. Nie wiem, kim była, nigdy wcześniej jej nie widziałem. Nikt się nią nie opiekował. Zwykle w tych miejscach nie było dzieci, więc przyglądałem się jej z ciekawością. Może była głodna i zdezorientowana. Może nie umiała czytać? Nie uważała na to, gdzie szła. I nagle jej ciało podniosło się z ziemi, a potem zostało przyciągnięte do płotu, do którego przez chwilę była przyklejona jak rozgwiazda. Później opadła na ziemię. Prąd przeszedł przez jej ciało i odebrał jej życie. Chciałem ją ostrzec, ale była za daleko i bałem się, że mnie zastrzelą.

To miejsce, w którym byliśmy, to była duża stacja kolejowa. Wiele pociągów przewijało się przez nią w ciągu dnia. Te okropne wagony na bydło transportujące ludzi przyjeżdżały z całej Europy: Austrii, Holandii, Francji, Grecji, Węgier i Polski. Przywoziły kolejne partie ludzi do zabicia. Komory i krematoria były ciągle w ruchu, bo Niemcy próbowali poradzić sobie z nadwyżką ludzi. Byli też tacy, których zabijano, bo ich przodkowie byli Żydami. Niektóre z zamordowanych ofiar nawet nie wiedziały o swoim dziedzictwie.

Po raz pierwszy zobaczyłem wysokie kominy, z których

wychodził rudawy dym. To były krematoria. Ludzi zabierano z wagonów wprost do komór gazowych. Starszych, którzy byli za słabi, żeby samodzielnie iść, albo młode dzieci, które jeszcze nie umiały chodzić, wrzucano do wywrotek. Ciężarówki jechały do krematoriów, ustawiały się, podnosiły skrzynię i ludzie zjeżdżali z niej wprost do płomieni.

Więźniom dawano kawałek mydła i mówiono im, że jeśli chcą, to mogą pójść się wykąpać. To by było coś wspaniałego, ale my oczywiście się baliśmy. Wiedzieliśmy, że w ten sposób zaciągano ludzi do gazu.

Na mydle były trzy litery: RJF. R jak „Rein", czyli po niemiecku czysty. J jak „Jüdisches", czyli żydowski i F jak „Fett", czyli tłuszcz. Z palonych ciał wydzielał się tłuszcz, który mieszano z ługiem i zamieniano w mydło. Ja sam wyciągałem złote zęby z żydowskich ciał, obcinałem martwym kobietom włosy, a teraz dowiedziałem się, że jeszcze wykorzystują żydowski tłuszcz.

Po jakimś czasie znów nas zagoniono do wagonów i zabrano gdzie indziej. Może czekało na nas coś lepszego, bo nic gorszego już nie mogło nas spotkać. Chyba że śmierć.

Kiedy weszliśmy do wagonu, płakałem razem ze Stanleyem. Płakaliśmy też za Papą. Już od wielu tygodni nigdzie go nie widzieliśmy. Niemożliwe było znalezienie go wśród tysiąca innych ludzi. Wiedzieliśmy, że gdybyśmy mogli go zobaczyć albo po prostu wiedzieć, że wciąż żył, czulibyśmy się lepiej. Widzieliśmy, że wyjechał z nami, bo cały obóz był ewakuowany. Czy przetrwał jednak jazdę pociągiem, godziny stania w szeregu, małe racje jedzenia? Nie wiedzieliśmy.

Znowu zagwizdał pociąg i ruszyliśmy z Auschwitz. Byliśmy schorowani i przerażeni. A potem jeden z więźniów zaczął śpiewać. Po kolei dołączały do niego inne głosy i zanim się zorientowaliśmy, co robiliśmy, Stanley i ja też dołączyliśmy do śpiewanego „Eli Eli". Łzy spływały nam po policzkach. Dzięki temu mogliśmy nie myśleć o tych okropnych wydarzeniach, których byliśmy świadkami. Ulga była jednak tylko chwilowa.

Kiedy śpiew się skończył, bardzo się zasmuciłem i zsunąłem się na ziemię. Czułem, że już nie dam rady i jeśli zamknę oczy, to umrę.

Bałem się, że jeśli przeżyję, moja przeszłość już zawsze będzie mnie dręczyć.

Stanley złapał mnie za rękę i gwałtownie podniósł mnie na nogi.

— Mendel! Nie jestem gotowy na śmierć. Jak ty umrzesz, to już nie będę miał po co żyć.

Tych kilka słów było tym, czego potrzebowałem, żeby się otrząsnąć i wziąć za siebie. Modliłem się, żeby przeżyć i nie oszaleć.

Było już ciemno, kiedy weszliśmy do pociągu i po kilku godzinach przerywanego snu obudziło mnie słońce świecące przez okienko z tyłu wagonu. To mnie trochę pocieszyło, ten mały promyk słońca, nawet jeśli oświetlał on wnętrze tego okropnego wagonu. Więzień patrzący przez okno zauważył, że byliśmy w Niemczech. Powiedział nam, że wszędzie były niemieckie znaki.

Odwróciłem się, żeby sprawdzić, co u Stanleya i zauważyłem małą szparę w drewnianych deskach wagonu. To była mała przerwa, ale wystarczająco duża, żeby przez nią popatrzeć i zerknąć na świat. To był dla mnie nowy kraj, ale jego mieszkańców niestety znałem zbyt dobrze. Wieś wydawała się piękna, więc zastanawiałem się, czy niemieccy obywatele wiedzieli, co naprawdę działo się na wojnie. Czy wiedzieli, co ich bracia, mężowie i synowie robili ludziom w okupowanych krajach? Czy wiedzieli, kto nimi rządził? Nie umiałem uwierzyć, że zdawali sobie ze wszystkiego sprawę.

Dużo było dowodów na niedawne działania wojenne. Ulice były zbombardowane, nic z nich nie zostało poza gruzem. Były jednak też miejsca, w których domy były nienaruszone i wyglądały na zadbane i czyste, pięknie zaprojektowane i z przystrzyżonymi trawnikami. Tylko tyle wiedziano o Niemcach: że są czyści i dbają o swój kraj.

Pociąg nagle się zatrzymał, bo przez tory musiał przejechać konwój ciężarówek. Każda z nich była wypełniona rannymi niemieckimi żołnierzami i była w drodze z frontu do szpitali. To był okropny widok, ale nie byłem wrażliwy na ich cierpienie. Żal, który powinienem był czuć, zmienił się w nienawiść.

Kiedy nasz pociąg ruszył dalej, przed oczami miałem widok

Auschwitz i miliony niewinnych ludzi, których tam poddawano torturom. Pomyślałem sobie, że Niemcy zasługiwali na to, co dostali, i że jeśli istniał Bóg, będą pokutować przez całą wieczność. Rozgoryczenie i wściekłość zagnieździła się w moim sercu i przysiągłem sobie, że jeśli przeżyję, przez resztę życia będę karał ich za grzechy przeciwko ludzkości.

Kolejny nagły przystanek, ale tym razem duże drzwi się otworzyły i kazano nam wejść do rowu obok torów. Było słychać syreny przeciwlotnicze. Strażnik bił nas pałką, żebyśmy się szybciej ruszali, jak najdalej od pociągu. Próbowałem zakryć głowę i osłonić Stanleya, kiedy kilka metrów od nas zauważyłem Papę. Podekscytowanym głosem powiedziałem Stanleyowi, żeby popatrzył. Tam jest Papa!

Prawie zapomniał, gdzie byliśmy i zaczął biec. Mocniej złapałem go za ramię i ostrzegłem go, że jeśli go zobaczą, zabiją Papę. Pałka mocno uderzyła mnie w głowę i przypomniała mi, że mam się ruszać. Ze Stanleyem obok mnie, z krwią kapiącą z boku głowy, razem z tłumem szukaliśmy schronienia przed samolotami, które za chwilę będą zrzucać na nas bomby.

Kiedy zobaczyłem ojca i wiedziałem, że na pewno żył, poczułem nową motywację do walki. Stanley i ja znaleźliśmy dziurę, w której czekaliśmy, aż nad głowami przelecą nam samoloty. Kiedy tam leżeliśmy, myślałem o naszym ojcu. Kiedyś uważano go za bardzo przystojnego mężczyznę. Zawsze był zadbany i dobrze ubrany — ubiór był wizytówką jego biznesu.

Ledwo rozpoznałem ojca w jego żałosnym stanie. Wyglądał jak stary mężczyzna: brudny, nieogolony, obdarty. Kiedy go zauważyłem, wyciągał ręce do strażnika i o coś błagał. Wyobrażałem sobie, że może prosi o to, żeby móc wybiec na pole i dać się zastrzelić. Niektórym więźniom się dostało. Martwych zostawiono na obiad dla kruków, a my znowu wspięliśmy się do wagonów.

Poczułem coś nowego, kiedy wiedziałem, że Papa był ciągle z nami. Przeżyłbym i jeszcze jeden dzień, jeśli dzięki temu mógłbym go znowu zobaczyć. Może razem ze Stanleyem będziemy mogli w końcu dobrze ułożyć sobie życie i pomóc ojcu zapomnieć o tych okropnych latach cierpienia. Myśląc o tym, zacząłem knuć i marzyć, jak mogłem dostać się do Papy bez zwracania na siebie uwagi. W końcu zasnąłem.

Kiedy pociąg zaczął zwalniać, obudziłem Stanleya, żebyśmy się przygotowali na to, co czekało na nas w nowym miejscu.

---

Ten obóz więzienny nazywał się Vaihingen. Różnił się od innych, bo był to tylko kawałek pola oddzielony drutem kolczastym. Nie było tam żadnej szopy ani baraków, które ochroniłyby nas od złej pogody. Z boku stał tylko nędzny budynek, bez wątpienia zajmowany przez strażników i tych, którzy kierowali obozem.

Przez pierwsze kilka nocy spaliśmy na ziemi, tylko księżyc nas ogrzewał. W dzień pracowaliśmy nad budową przybudówki i szopek, używając porozrzucanych dookoła kawałków drewna. Pracowaliśmy nieustannie przez kilka dni, mając nadzieję, że wybudujemy sobie schronienie. Potrzebowaliśmy tylko czegoś, co pozwoli nam nie zmoknąć i schronić się przed słońcem. Chociaż przez brak jedzenia byliśmy bardzo słabi, wszyscy pomagali i w końcu każdy miał dla siebie suche miejsce. Racje były jeszcze mniejsze niż to, do czego byliśmy przyzwyczajeni.

Dawali nam jedną, cienką kromkę chleba na dzień i dwa kubki słabej, czarnej kawy. Zacząłem jeść trawę, smakowała mi. Znalazłem mały woreczek, przywiązałem do niego kawałek drucika i zawiesiłem sobie na szyi. Trzymałem w nim swój chleb, bo wiedziałem, że tam będzie bezpieczny, i karmiłem się nim po małym kawałeczku. Próbowałem zrobić tak, żeby wystarczył mi na cały dzień. Serce mi pękało przez Stanleya i Papę. Obaj wyglądali na wychudzonych, bladych i słabych. Nic nie mogłem zrobić. Ja sam byłem głodnym zwierzęciem.

Dopiero po tygodniach mogłem zbliżyć się do Papy. Wiedzieliśmy mniej więcej, gdzie pracowaliśmy, ale trudno było nawiązać jakiś kontakt. W dzień przenosiłem kamienie z miejsca na miejsce, nawet jeśli to nie było moje zadanie. Musiałem coś robić.

Bałem się, że jeśli usiądę i pozwolę sobie odpocząć, już więcej się nie obudzę. Chodziłem w amoku, prawie jak zombie.

Jedyne, co przykuwało moją uwagę, to więźniowie na skraju śmierci. Próbowałem zapamiętać, w jakim byli stanie, a potem w nocy skradałem się do nich, żeby zobaczyć, czy jeszcze oddychali. Jeśli nie, to szukałem kawałków chleba, okruszków albo czegokolwiek, co mogli sobie schować do jedzenia. Najważniejsze było przeżyć. Na apelach razem z innym więźniem podtrzymywaliśmy trupa między sobą i zsuwaliśmy mu czapkę na martwe oczy, żeby dali nam dodatkową rację chleba. Dopiero kiedy dostaliśmy jedzenie, zgłaszaliśmy, że więzień umarł. Stałem się złośliwy i okrutny. Nienawidziłem świata i nawet obróciłem się przeciwko Stanleyowi, oskarżając go o kradzież mojej porcji chleba.

Już nie byłem pewny, jak zareaguję, kiedy w końcu zobaczę ojca. Może powinienem przeklinać go za to, że przyniósł mnie na ten nędzny świat? Albo poprosić o jedzenie dla głodującego syna?

Przyszedł dzień, w którym mogłem do niego podejść. Moje dłonie były zaciśnięte w pięści, żółć zalała mi ciało, zgrzytałem zębami i wrzałem z nienawiści. Przez chwilę patrzyłem na niego bez słowa, ale on potem wziął mnie w ramiona, nie dbając o to, kto zobaczy to zjednoczenie ojca i syna. Kiedy Papa mnie trzymał, moje ciało zwiotczało. Zacząłem się trząść i szybko oddychać, krztusiłem się łzami.

Papa tylko powtarzał w kółko moje imię. Mendel, Mendel, mój syn.

Moje serce topniało i wiedziałem, że umrę ze szczęścia.

Razem spacerowaliśmy tak, jakby był jakimś przypadkowym staruszkiem, tym razem uważając, żeby nikt nie odkrył naszej relacji po tym pierwszym uścisku. Rozejrzał się dookoła, sprawdzając, czy ktoś nas obserwował, a potem mówił do mnie ze łzami w oczach.

— Mendel, Mendel, jak się masz, synu? — Wyciągnął dłoń w moją stronę, żeby mnie dotknąć i sprawdzić, czy naprawdę przed nim stałem.

— Przestań — powiedziałem mu. — Ktoś może zauważyć. Nikomu tu nie ufam oprócz Stanleya.

— Gdzie jest Stanley? — Ojciec wyglądał za zmartwionego.

— Z nim wszystko w porządku. Wybrano go do cerowania oficerskich skarpet, pracuje w biurze. Dziś jego pierwszy dzień.

— Dzięki Bogu. Tylko Bóg wie, jak się smuciłem, modliłem i martwiłem o ciebie i Stanleya.

— Wiemy. My tak samo. Teraz musimy spróbować przeżyć, żebyśmy znowu mogli być razem. Kiedyś skończy się ta wojna.

Potem niemiecki strażnik nam przerwał swoim „Nie włóczcie się", więc musieliśmy się rozejść, obserwować i czekać na kolejną okazję do rozmowy.

Kiedy Stanley do mnie dołączył tamtej nocy, nigdy nie zapomnę, jak jedliśmy, jaką mieliśmy ucztę. Wypełnił kieszenie starym chlebem, surowymi ziemniakami, skórkami pomarańczy, kostkami cukru, kawałeczkami mięsa. Wszystko to zabrał z jadalni oficerów i ich koszy na śmieci. Było tego tak dużo, że nawet podzieliliśmy się z innymi więźniami. Tego dnia Stanley był bohaterem.

To trwało przez trzy tygodnie. Każdej nocy Stanley przynosił coś innego. Udało mi się schować trochę jedzenia dla ojca i kiedy mogłem, po kryjomu się z nim dzieliłem.

A potem zmienili się strażnicy. Ci nowi byli starymi mężczyznami z siwymi włosami i zgarbionymi plecami. Niektórzy nawet byli inwalidami albo kuleli po wojnie. To był dobry znak, bo wiedzieliśmy, że młodsi byli potrzebni na froncie. Starzy byli zgorzkniali i rozczarowani, i pewnie zmęczeni już sytuacją na świecie. Oczywiste już było, że Niemcy żenująco przegrywali wojnę. Muszę przyznać, że zaczęli nas traktować w bardziej ludzki sposób i że dyscyplina nie była już tak surowa. Życie stało się bardziej znośne, już nikt nam nie groził śmiercią co godzinę.

Zmiana strażników wiązała się z tym, że Stanley przestał pracować w biurze i nie mieliśmy już dodatkowego jedzenia. Z powrotem zaczęliśmy żyć w ciągłym głodzie. Znów wydawało się nam, że nasza przyszłość jest szara. Egzystowaliśmy z dnia na dzień.

Któregoś ranka do Vaihingen przyjechał nowy transport więźniów. Mężczyźni, którzy wysiedli z wagonów, wyglądali jak masa szarych, chudych, brudnych i chorych ludzi. Zwróciłem uwagę szczególnie na ich oczy: nic nie wyrażały, były martwe. Dziwiłem się, że oni faktycznie byli żywi i oddychali. Stali koło bramy, czekając, aż ich przydzielą do szop.

Pośród nich zauważyłem młodego mężczyznę i byłem zadowolony, kiedy wysłali go do nas. Powiedział mi, że urodził się w Holandii i że nazywał się Jan.

— Jan? To żydowskie imię? Brzmi bardziej jak chrześcijańskie — zapytałem go.

— Bo jest, Mendel. Właściwie, to holenderskie imię, tak to już jest w Holandii.

Dobrze było mieć z kim porozmawiać.

— Jak długo jesteś w tym obozie, co to za miejsce? — zapytał.

— Jestem tu tylko od kilku tygodni. Ale nie jest tak źle. Wszystkie obozy są złe, oczywiście, ale do tej pory nie znęcali się nad nami tak bardzo jak w innych. Skąd przyjechałeś?

— Z Dachau — odpowiedział.

Jedno z największych i najgorszych, jak słyszałem. Pomimo wszystkiego, czego doświadczyłem i co przetrwałem, pomyślałem, że ten chłopak miał gorzej i żal mi go było.

— Powiedz mi, Janie, słyszałeś, jak idzie wojna? My tutaj jesteśmy jak umarlaki, żyjemy w innym świecie. Już od dawna nie było żadnych wiadomości. Ostatnie, co słyszałem, to to, że Rosjanie byli blisko, ale to było kilka miesięcy temu, kiedy nas ewakuowali z Radomia. Nic się chyba nie zmieniło od tego czasu. Wydaje mi się, że to wszystko się nigdy nie skończy, nie ma szansy na wyzwolenie i wolność.

— Przestań, powiem ci, co ja słyszałem.

W końcu miałem usłyszeć coś o świecie spoza drutów, ale kiedy Jan opowiadał, nie mogłem nie zastanawiać się, skąd on to wszystko wie.

— Amerykanie i Anglicy połączyli siły i najechali Europę, atakują z dużą siłą. Niemcy nie będą mogli już długo się opierać. Może jeszcze tylko kilka tygodni, zanim nas wyzwolą, o ile będziemy mieć szczęście i nas wcześniej nie zabiją. To decydujące dni, musimy się trzymać. Musimy być silni i walczyć o przeżycie. Koniec już niedługo, Mendel, i niedługo nas wyzwolą. Zaufaj mi.

— Powiedz, Janie, skąd masz takie fantastyczne wiadomości? — zapytałem sarkastycznie.

— Słuchaj, moją ostatnią pracą w Dachau było sprzątanie domu niemieckiego oficera. Miał krótkofalówkę. Na początku bałem się jej dotknąć, ale któregoś dnia, kiedy nikogo nie było dookoła, włączyłem ją. Tylko na kilka minut. Słyszałem, że alianci pod rozkazami Eisenhowera i Montgomery'ego dobrze sobie radzili. Nadawali to w wielu językach. Stąd wiem.

— Mój Boże, więc to musi być prawda!

— Tak, to prawda, ale obiecaj mi, że nikomu nie powiesz. Wiesz, co mi zrobią, jeśli się dowiedzą, że to ja dzielę się takimi informacjami.

Chciałem usłyszeć więcej, ale i tak już długo rozmawialiśmy bez zwracania na siebie uwagi i wiedziałem, że na rozmowy przyjdzie jeszcze czas. Te wiadomości były dla mnie ważniejsze niż jedzenie. Nie mogłem się doczekać, aż dowiem się więcej. Nawet sama myśl o wolności była odurzająca.

Tamtej nocy nie mogłem spać. To wszystko było zbyt podniecające. Kilka razy w nocy chciałem wstać, iść do miejsca, w którym spał Jan, i poprosić, żeby powiedział mi więcej, ale to oczywiście nie było możliwe. Byłem zachwycony tym sekretem. Chciałem opowiedzieć wszystko Papie i Stanleyowi, ale obietnica była obietnicą.

Obsesyjnie myślałem o wolności. Wyobrażałem sobie, jak cudownie będzie znowu nosić garnitur, buty, krawat, jak cudownie będzie się wykąpać, ogolić i, co najważniejsze, dobrze zjeść. Cichutko płakałem.

Kiedy o wpół do piątej zebraliśmy się na apel, ja wciąż nie zmrużyłem oka. Nie mogłem przestać gapić się na Jana, stróża dobrych wiadomości. To on wydawał się moim wybawcą, jak gdyby to on osobiście był odpowiedzialny za to, co przyjdzie. Podziwiałem go za odwagę, dzięki której mi się zwierzył. Pojawił się wtedy, kiedy gotowy byłem się poddać. Byłem u końca moich sił i myślałem o samobójstwie.

Kiedy rozmawialiśmy, dowiedziałem się, że był dobrze wykształcony. Przed wojną chodził do akademii muzycznej w Holandii. Tam od pokoleń mieszkała jego rodzina i, jak mu się wydawało, nie było tam żadnych oznak antysemityzmu. Miał normalne, szczęśliwe życie, oprócz jednego momentu, w którym jego brat zginął podczas wyścigów motocyklowych. Jego rodzice liczyli na to, że kiedyś zostanie nauczycielem gry na skrzypcach. Jego ojciec był zamożnym farmaceutą, któremu od lat się dobrze powodziło. To ich pierwszych aresztowali, głównie dlatego, że uważano ich za żydowskich arystokratów. Jego rodziców wysłali do Auschwitz, gdzie ich, jak wielu innych, zgładzono. Jan był młody i mógł pracować, więc go oszczędzono.

W końcu miałem okazję przedstawić go Stanleyowi. Nie powiedziałem mu, że był on moim bratem. Jego imię, Jan, wciąż mnie martwiło. Nigdy nie słyszałem o żadnym Żydzie nazwanym Jan i nie byłem jeszcze na tyle pewny, żeby zwierzyć mu się z mojej relacji ze Stanleyem. Kto wie, może był szpiegiem? Po tym wszystkim, co przeszedłem, niewiele zostało we mnie ufności. Podejrzewałem każdego, każdy mógł mi zrobić krzywdę.

Któregoś dnia nastąpiła okropna eksplozja. Cały obóz rozjaśniał jak kula ognia. Błysk za błyskiem, w oddali widzieliśmy buchający dym.

— Co się stało, Janie?

— Po dymie powiedziałbym, że to samolot się rozbił.

— Miejmy nadzieję, że nie aliancki — powiedziałem.

Siedemdziesięciu pięciu ludzi zebrano w grupę i zaprowadzono około pięciu kilometrów od obozu. *Mój Boże, prawie nam się udało,* pomyślałem.

Miał rację. To był amerykański samolot, który musiał mieć jakieś kłopoty techniczne. Nikt z załogi nie przeżył. Ich ciała były porozrzucane dookoła wraku jak kawałki układanki. To był okropny i krwawy widok. Po raz pierwszy w życiu widziałem paczkę papierosów z napisem „USA". Podniosłem ją i włożyłem do kieszeni.

Niemieccy rolnicy z okolicy zebrali się dookoła i słyszałem, jak mówili, że chwała Bogu. Nienawidziłem ich. Ledwo umiałem się powstrzymać przed chwyceniem ich za szyje i uduszeniem. Przeklinali alianckie siły. Dobrze, że ci dzielni mężczyźni zginęli na miejscu. Gdyby zostało w nich choć troszkę życia, ci Niemcy chętnie by ich dobili. Udało mi się utrzymać emocje na wodzy, bo bałem się pokazać swoje uczucia albo obrzydzenie rolnikami. Wolność, która może czekała na mnie w niedalekiej przyszłości, powstrzymywała mój gniew.

W końcu przyjechała ciężarówka Czerwonego Krzyża i pozbierała ciała, a my posprzątaliśmy okolicę. Kiedy maszerowaliśmy z powrotem do obozu, pomyślałem, jak dziwne było to, że ludzkie uszy i oczy obserwują i przekazują informacje, nawet jeśli usta pozostają zamknięte. Więźniowie rozumieli, że przyjdzie czas i okazja, by zemścić się na tych Niemcach, jeśli tylko przeżyjemy wojnę.

Amerykańskie papierosy się przydały. Po przyjściu do obozu udało mi się je zamienić na dodatkową kromkę chleba.

Grupa ludzi, z którą przyjechałem do obozu, zaczęła umierać jak muchy. Biegunka i inne choroby szalały. Nie było potrzeby zabijać już więcej więźniów. Szybko umierali z powodu chorób i niedożywienia, a wielu po prostu się poddawało. Ich siły do walczenia o życie się wyczerpały i wielu z ulgą witało śmierć, ale ponieważ codziennie przyjeżdżały nowe transporty więźniów, ich liczba była ciągle taka sama.

Zacząłem puchnąć. Najpierw mój brzuch, potem dłonie i stopy. Ledwo chodziłem i zacząłem tracić kontrolę nad jelitami. Bałem się, że nie doczekam wyzwolenia. Wszy już mnie nie męczyły, bo nie miały zdrowego ciała do skubania. Czasami chciałem umrzeć, bo nawet jeśliby nas wyzwolili, to i tak pewnie nigdy nie odzyskałbym sił. Stanley był teraz w innej szopce, i to Jan zajął jego miejsce, zachęcał mnie do przetrwania. Błagałem go, żeby mi ciągle powtarzał, co usłyszał w radiu. A potem podejrzewałem, że zmyślił całą historię. Nikt nas nie uratuje.

Strażnicy nie wyglądali na zmartwionych. Dalej byli okrutni i więźniowie wciąż byli wysyłani do innych obozów do zagłady albo do eksperymentów. Wielu z tych, na których przeprowadzano badania, sterylizowano. Z okaleczoną albo wyciętą męskością wydawali mi się chodzącymi duchami mężczyzn.

Chciałem zobaczyć ojca i Stanleya. Słabość pozwoliła moim łzom płynąć, kiedy powoli umierałem z głodu. Wciąż, z Bogiem u boku, udawało mi się przeżyć.

Dni się dłużyły, ale zauważyłem zmianę w nalotach powietrznych. Na początku wojny pojawiało się tylko kilka samolotów, a potem nie było ich słychać tylko przez kilka godzin w dzień i w nocy. Przychodziły falami oprócz dwóch godzin, od północy do drugiej. Więźniowie żartowali, że Anglicy mieli przerwę na filiżankę herbaty.

Kiedy Stany Zjednoczone dołączyły do wojny, liczba samolotów zdecydowanie się zwiększyła i bombardowania nie ustawały.

Okazało się, że Jan miał rację, kiedy mówił, że wojna zbliża się ku końcowi. Myśl o tym, że i Niemcom za chwilę się dostanie, ich szaleństwo się skończy, dawała mi dużo radości i pomagała mi wysilić się, żeby nie umierać.

Zacząłem myśleć o Niemczech jak o wielkim kawałku drewna, który alianci obcinają drzazgę za drzazgą. Jeśli i ja miałem być jednym z tych kawałków i zostać zabitym, ale dzięki temu zakończyłaby się ta tyrania i Niemcy zostaliby pokonani, to byłoby warto. Wciąż modliłem się, żeby w końcu ci barbarzyńcy zapłacili za torturowanie naszych ludzi i tysiąca innych niewinnych ofiar w całej Europie.

Noce były długie i zimne. Nic nie pokrywało mojego ciała oprócz cienkiego pasiaka. Jedyne, co posiadałem, to mała poduszka i chodaki. W nocy leżałem na desce ze słomą, godzinami słuchając, jak bomby spadały dookoła nas. Bałem się, że jedna z nich spadnie na nas i wszyscy zginiemy w wybuchu. Z jakiegoś powodu tak się nigdy nie stało.

Każdego ranka, w zimnej i wilgotnej mgle odbywały się apele. Kapo ciągle krzyczeli na więźniów, żeby stali prosto, ale wielu z nich było zbyt wycieńczonych i oszołomionych, żeby słuchać rozkazów, dopóki uderzenie pałką albo nie przywróciło im zmysłów, albo nie pozbawiło ich życia.

Komendant obozu pojawiał się, żeby pozbierać raporty na temat tego, ilu więźniów jeszcze żyło. Nosił monokl i miał brzydką bliznę biegnącą od prawego oka do wargi. Szpicrutę trzymał w lewej ręce, bo w prawej miał niedowład. Zawsze towarzyszyło mu trzech strażników. Podchodził do każdego kapo i zbierał raporty. Wydawało się, że arogancja i nienawiść go pochłonęły.

Po jakimś czasie jego postawa zaczynała się zmieniać. Myślę, że chciał ukryć to, że martwił się przegrywaniem wojny. Nie chciał więźniom pokazać swojej słabości, ale jego przepocony mundur mówił sam za siebie. *To znaczyło tylko jedno,* pomyślałem. Niemców niedługo pokonają. Ale kiedy?

Następnego ranka po apelu komendant zwołał kapo na zebranie. Zatrzymali się niedaleko miejsca, w którym stałem, więc mogłem usłyszeć, co mówili.

ó Potrzebuję trzystu więźniów za godzinę do posprzątania. Stuttgart jest w ruinach. Trzeba odkopać ludzi i przywrócić tam jakiś porządek. Przyjadą po nich ciężarówki, razem z dodatkowymi strażnikami, żeby nikt nie uciekł.

— Zapewniam, że wszyscy wrócą na wieczorny apel — powiedział jeden z kapo.

— Dajcie im kawę i dodatkową rację chleba, zanim pojadą. Będziecie z nimi na stacji w Stuttgarcie.

— Jawohl, Herr Kommandant[1], twoje rozkazy zostaną wykonane!

Stuttgart w ruinach! To musiał być początek końca.

Nie wybierali nikogo specjalnego. Na misję wysłali pierwsze trzy szeregi, w tym Stanleya, Jana i mnie. Mimo mojego bardzo słabego stanu skądś znalazła się we mnie nowa energia. Chciałem zobaczyć to niemieckie miasto w ruinach i cierpienia ludzi, którzy w nim mieszkali.

Wepchnięto nas w ciężarówki, ściśniętych jak sardynki, i przykryto ogromną płachtą. Strażnicy nie chcieli, żeby reszta obywateli zobaczyła, w jakim byliśmy stanie: brudni, obdarci, bladzi, wychudzeni i prawie nieludzcy.

To była długa podróż, około stu kilometrów. Po raz pierwszy od dawna nie marzłem, ale za to dusiłem się dymem. Z powodu braku benzyny, Niemcy wykorzystywali drewno jako paliwo, przez co byliśmy zmuszeni wdychać gęsty dym. Nie zabił nas on jednak i dojechaliśmy do celu.

Wysadzono nas w miejscu wyznaczonym przez komendanta, na stacji kolejowej. Cóż to był za widok! Dworzec był w ruinach. Wagony leżały na sobie jak pudełka ciasteczek. Tory były powyrywane i poskręcane. Wszędzie leżały ciała, większość z nich w kawałkach. W końcu, pomyślałem, dostają to, na co zasłużyli.

Kiedy chodziliśmy dookoła, zauważyłem rozdarty przez eksplozję wagon wypełniony biżuterią i srebrnymi karafkami, platerami i pięknościami. Tysiące obrączek, zegarków, bransoletek, wszystkie skonfiskowane Żydom, leżały porozrzucane wśród dymiących ruin pociągu. Słyszałem, że pociąg był w drodze do Niemieckiego Banku Federalnego, gdzie miał dostarczyć te kosztowności. Dwa inne wagony były wypełnione mąką i ziarnami kawy. Udało mi się być w grupie, która pracowała niedaleko wagonu z mąką. Skradłem jej garść, wymieszałem z wodą z kałuży, a potem lizałem pastę z dłoni. Była dla mnie bardziej wartościowa niż biżuteria.

W Stuttgarcie pracowaliśmy przez kilka dni, ale każdego wieczoru musieliśmy wracać do obozu, zmęczeni i głodni. Którejś nocy sam siebie zaskoczyłem, kiedy zaczęło mi być przykro z powodu tego miasta i jego mieszkańców.

To ja — ta sama osoba, która wyobrażała sobie, że zemsta będzie słodka — czułem wielki smutek z powodu tych niewinnych ofiar miasta, które kiedyś było piękne. Ich domy, wszystko, co kochali, ich dzieci były pogrzebane w ruinach. Teraz i ich czekał głód. Zrozumiałem, jak głęboko w sercu zakorzenione miałem nauki, które dawał mi ojciec w młodości: miłość do wszystkich ludzi.

Chciałem porozmawiać o moich uczuciach z Janem, ale widziałem, że nie ma w nim żalu. Jego oczy wydawały się błyskać z zadowoleniem z powodu tej biedy, smutku i destrukcji. Więc trzymałem język za zębami.

Któregoś dnia Stanley zjawił się u mojego boku. Byłem zajęty machaniem łopatą, kiedy szybko wcisnął mi w dłoń kanapkę z szynką. Rozejrzałem się dookoła, sprawdzając, czy ktoś nas obserwował, a potem wepchnąłem ją w kieszeń.

— Mój Boże, Stanley, skąd to masz?

Jego oczy zabłysły jak lampeczki.

— Z końca ulicy. Zobaczyłem dwie katolickie zakonnice idące w moją stronę, więc upadłem na kolana i przeżegnałem się, kiedy do mnie podeszły. Błagałem je o pomoc. Powiedziałem im, że jestem katolikiem i że umieram z głodu.

— I ci pomogły? — zapytałem.

— Nie. Jeden ze strażników od razu mnie zauważył, podszedł, uderzył mnie w głowę i powiedział zakonnicom, że jestem Żydem. Poszły sobie, ale po paru minutach wróciły i rzuciły mi pod nogi paczkę. W środku były kanapki, wystarczająco dla mnie i dla ciebie, jedną nawet zostawiłem dla Papy, mam nadzieję, że uda mi się dać mu ją wieczorem.

— Stanley, Stanley... — powiedziałem w zdumieniu. — Ty to zawsze miałeś szalone pomysły.

Pośmialiśmy się razem i cieszyliśmy się kanapkami — po raz pierwszy od bardzo dawna.

Po raz pierwszy od wielu miesięcy miałem w ustach mięso. Ostatnim razem, kiedy jakieś jadłem, byłem w Auschwitz, a mięso było ludzkie.

Kiedy patrzyłem na zniszczenia dookoła mnie, wyobrażałem sobie inne niemieckie miasta tak samo zrównane z ziemią. Ile Niemców musiało wtedy panikować. Ogień dalej się tlił. Prawie nie było tam nienaruszonych budynków. Alianci dobrze wykonali zadanie zniszczenia miasta. Bomby–niewypały leżały na ulicach. Mimo że miasto było w ruinach, samoloty wciąż i wciąż nadlatywały. Powinno mnie to cieszyć, ale nie cieszyło.

Kiedy wróciłem tamtej nocy do obozu i poszedłem do naszego baraku, inni więźniowie zebrali się razem, niecierpliwi, żeby wysłuchać, jak minął nam dzień. Z jaką ulgą wysłuchiwali wiadomości spoza obozu, szczególnie tych o stratach poniesionych przez Niemców, które mogły oznaczać tylko to, że moment wyzwolenia się zbliżał. Ich porażki były naszym szczęściem. Z uwagą wysłuchiwali każdego słowa. Trudno było im sobie wyobrazić całe miasto wielkości Stuttgartu zamienione w kupę gruzu. Wszędzie było słychać powtarzane „Dzięki Bogu, dzięki Bogu!".

— Nie będziemy tu już długo — usłyszałem, jak mówił jeden z więźniów i się z nim zgodziłem.

Vaihingen nie było daleko od Stuttgartu, a alianci wciąż się zbliżali. Łatwo można było zauważyć, że kapo zaczęli nas inaczej traktować. Kiedyś tak częste bicia i morderstwa były coraz rzadsze. Teraz zaczęli zostawiać nas w spokoju, może poza apelami. Na nich wciąż obowiązywała dyscyplina. To wszystko sprawiło, że miałem więcej czasu, żeby lepiej poznać się z Janem. Większość więźniów była spokojniejsza. Relacja między nimi a strażnikami zaczęła się zmieniać. Niemcy zaczęli orientować się, że przegrywają i rozumieli, z czym to będzie się wiązało.

Większość dnia spędzałem z Janem i Stanleyem, więc rozmawialiśmy godzinami. Jak wszyscy chłopcy, rozmawialiśmy o dziewczynach. Opowiedziałem mu smutną historię Ewy, mojej pierwszej i jedynej miłości, o tym, jak krótko trwała. Powiedziałem mu też o naszym życiu w Radomiu z Papą, Mamą, Jacobem i o tym, jakie szczęście miałem ze Stanleyem, że wciąż byliśmy razem i że udało nam się utrzymać w sekrecie nasze pokrewieństwo.

Jan powiedział nam o swojej Carli. Jak razem dorastali, chodzili do tej samej szkoły, jak planowali razem swoją przyszłość. Powiedział nam, że jego rodzice nie akceptowali Carli. Sądzili, że skoro oni byli arystokratami, Jan nie mógł poślubić dziewczyny z klasy średniej. Jej rodzice nie mieli pieniędzy na to, żeby posłać ją na studia, ale Jana, który tak przywykł do przywilejów, jakie dają pieniądze, nie obchodziło to, że jej rodzina nie była zamożna. Jak opisywał, Carla była piękna, miała niesamowitą osobowość i była wybitną rozmówczynią. To te cechy dawały jej pozycję w społeczeństwie, a nie jej posag. Tak jak tysiące innych holenderskich Żydów zabrano ją do Auschwitz. To chyba był jej koniec. Jego oczy wypełniły się łzami, kiedy nam o niej opowiadał. Stanley i ja siedzieliśmy w milczeniu.

— Powiedz mi teraz coś więcej o sobie, Mendel.

— Nie wiem, co ci jeszcze powiedzieć. Moje życie w Polsce było całkowicie inne od twojego w Holandii. Widzisz, Żydzi nie mieli za wiele wyboru, jeśli chodzi o edukację, pracę albo miejsce, gdzie mogli mieszkać. Większość żydowskich chłopców po prostu uczyła się tego samego zawodu, co ich rodzice. Mój ojciec miał co do mnie plany, chciał, żebym był dentystą, bo to była jedna profesja, którą mogli zajmować się Żydzi. Chciał, żebym był kimś innym niż piekarzem, krawcem albo szewcem. Papa miał też inne plany wobec Stanleya.

— Rozumiem — odpowiedział Jan. — Z tego, co czytałem i mnie uczono, sytuacja w Polsce bardzo różniła się od tej w Holandii. Przez setki lat większość Polaków była analfabetami i prowadziła życie w biedzie. Byli pod kontrolą szlachty i żyli w feudalnym społeczeństwie. Co więcej, mówili, że w Polsce zawsze panowały antysemickie nastroje i że niewiele trzeba było, żeby wszystko wyszło na jaw. A potem, kiedy Hitler, ten sadystyczny maniak, doszedł do władzy, nienawiść do Żydów wybuchła jak wulkan i na pewno przejdzie do historii jako jedna z największych tragedii.

— Tak, masz rację — odpowiedziałem. — Kto to jest ten Hitler, tak w ogóle? Musi być z niego niezłe ziółko, skoro jest tak zimny i bezlitosny. Jest nikim innym jak tylko egocentrykiem odurzonym władzą i marzeniem o wielkości.

Przyszedł strażnik i kazał nam się rozejść do prycz, więc barak pogrążył się w ciszy.

W końcu stało się to, czego się obawiałem i nastał kolejny okres smutku. Oddzielono mnie od Papy i Stanleya. Przez lata terroru w obozach myśl o tym, że Papa i Stanley byli blisko, dodawała mi siły i powodu do życia.

Któregoś wieczora jednak, po apelu, do obozu przyjechał konwój ciężarówek. Jan i ja byliśmy wśród zgarniętych więźniów. Stało się to tak nagle, że nie miałem okazji znaleźć Papy i Stanleya i się z nimi pożegnać. Po raz pierwszy byłem całkowicie sam. Zawładnął mną ogromny strach. W duchu krzyczałem za ojcem i bratem, za dwiema osobami na świecie, które kochałem. Pozbawiono mnie jedynej rodziny, jaką miałem. Nie mogłem się już powstrzymać i zacząłem płakać niekontrolowanie, a potem zawładnęła mną ogromna melancholia, bo wiedziałem, że pewnie ich już nigdy nie zobaczę.

Kiedy jechaliśmy w nocy do nieznanego celu, rozmawiałem z Janem. Był dla mnie wielkim pocieszeniem.

— Jak myślisz, co się stanie teraz z Papą i Stanleyem? — zapytałem.

— Nie martw się — Jan próbował mnie pocieszyć. — Twój ojciec i Stanley przeszli już przez tak dużo, przejdą i przez to. Teraz musisz się martwić tylko o samego siebie. Niedługo skończy się wojna i będziemy wolni.

— Myślisz, że wiozą nas do eksterminacji?

— Nie. Wojna się niedługo skończy, więc ci naziści będą próbować traktować nas trochę bardziej po ludzku, żeby kara za ich przestępstwa nie była aż tak surowa. Myśl tylko o jednym, Mendel: przeżyć! Czy nie byłoby okropnie poddać się i umrzeć teraz, po wszystkim, co przeszedłeś, kiedy wyzwolenie jest tak blisko?

To rozumowanie miało sens, więc uspokoiłem się trochę, ale potem znów zacząłem myśleć o Papie i Stanleyu. Bałem się, że wyślą ich do obozu koncentracyjnego i przed oczami miałem okropne sceny, które widziałem w Auschwitz: komory gazowe i krematoria, które przerobiłyby ich na proch na wietrze. A nawet jeśli przetrwają, czy jeszcze kiedyś się odnajdziemy? Czy w przyszłości będziemy razem? Moje myśli były w chaosie.

Potem znowu nawiedziła mnie myśl o samobójstwie. Gdzie mógłbym znaleźć jakieś narzędzie, sznur, pistolet? Cokolwiek, co zakończyłoby to cierpienie!

Po kilku godzinach otworzyłem oczy i zobaczyłem, że dotarliśmy do innego obozu: Unterriexingen. Znów przez godziny staliśmy w szeregu, czekając, aż nas policzą, znów dostaliśmy małe racje, znów mijały zabójcze, nudne dni. Zawsze tak samo. Przydzielono nam zadanie, mieliśmy przenosić kamienie z miejsca na miejsce. To nie była ważna praca, tylko coś, co zmuszało nas do ruchu, coś, co nas męczyło na tyle, żebyśmy nie myśleli o rebelii. Nawet jeśli mieliśmy takie plany, nie mieliśmy wystarczająco sił, żeby się nam udały. Kopaliśmy też rowy. Nikt nie wiedział po co.

Nigdy nie skupiałem się na pracy, bo wciąż myślałem o swojej rodzinie. Mój Boże, jak za nimi tęskniłem! Codziennie byłem wdzięczny Bogu za podarowanie mi tak wspaniałego i prawdziwego przyjaciela, jakim był Jan, ale każdego dnia coraz bardziej się o niego martwiłem. Zauważyłem, że to, przez co przechodziliśmy, zmieniało go w chodzący szkielet. Wyobrażałem sobie, że sam też tak wyglądałem. Nigdy nie wydawał się zbyt chory albo zbyt zmęczony, żeby mnie wysłuchać i zawsze znalazł coś pocieszającego do powiedzenia. Samo wspomnienie Papy i Stanleya pomagało mi przetrwać kolejne dni.

Popytałem trochę, ale dowiedziałem się, że nie było tutaj innych więźniów z Radomia. Nie miałem z kim porozmawiać i wiedziałem, że nie było tam nikogo, kto znałby mnie albo moją rodzinę. Świat wydawał się ogromny, a ja czułem się bardzo samotny.

Byliśmy w tym obozie przez jakieś dwa tygodnie, kiedy którejś nocy po apelu przyszedł do mnie Jan.

— Przesuń się, Mendel — powiedział — posiedzę tutaj kilka minut, chcę z tobą porozmawiać.

Zorientowałem się, że z Janem było coraz gorzej i że był bardzo chory. Wziąłem jego dłonie w moje, żeby je ogrzać. Te same utalentowane dłonie, które kiedyś tworzyły na skrzypcach piękną muzykę, by wzbogacić życie swoich dumnych rodziców, Carli, przyjaciół. Delikatnie ścisnąłem jego teraz kościste ręce. Były jak szpony. Kiedyś były silne, ale teraz był zbyt słaby, żeby zareagować na mój dotyk.

— Tak, Janie. Usiądź.

— Muszę cię prosić o przysługę — powiedział swoim cichym i słabym głosem. — Jeśli ja nie przeżyję, a ty tak, to chcę, żebyś spróbował dowiedzieć się, czy Carla przeżyła wojnę i pomógł jej, jak tylko będziesz mógł. Wiesz, ile ona dla mnie znaczy.

— Wiem. Zrobię co w mojej mocy.

Tylko tyle mogłem mu wtedy obiecać.

— Jest jeszcze coś, co ci chcę powiedzieć, Mendel, ale musimy poczekać do jutra. Słabo mi. Muszę wracać do swojej pryczy.

Pamiętam, że ledwo udało mu się przejść na drugi koniec pomieszczenia. Chciałem do niego podejść i sprawdzić, czy wszystko z nim w porządku, ale akurat wtedy przyszedł kapo i ze zmęczenia zasnąłem. Kiedy obudziłem się, pierwsze, o czym pomyślałem, to Jan. Bałem się, że już długo nie pożyje. Jego ciało było tak chude i wątłe. Jego głowa, czaszka i oczy, głęboko zapadnięte — wyglądał jak śmierć. Modliłem się o niego do Boga, żeby albo zakończył jego cierpienia, albo żeby zakończył wojnę i go uratował.

Moim nawykiem stało się pójście każdego ranka do Jana i obudzenie go, żebyśmy mogli razem stanąć w szeregu na apelu. Może jakimś cudem polepszy mu się? Ale tamtego ranka, kiedy potrząsnąłem nim, żeby go obudzić, nie poruszył się.

Umarł we śnie i sam żałowałem jego śmierci. Czułem, że Bóg mnie opuścił. Poczułem się bardzo słaby i wiedziałem, że nie było już po co żyć.

Udało mi się wyjść na zewnątrz na apel, a potem wróciłem do swojej pryczy i przepłakałem cały dzień. Nie umiałem znieść tego smutku. Nie wiedziałem, gdzie był Papa i Stanley, a teraz i Jan umarł. Wszystkie okropności, które wycierpiałem przez ostatnie pięć lat, wróciły do mnie, żeby mnie nękać. Jedyne, co umiałem sobie przypomnieć, to biczowania, głodowanie i śmierć, które były ze mną w każdej chwili. Wszędzie była śmierć. Błagałem Boga, żeby pozwolił mi umrzeć we śnie i wyzwolił mnie z tego piekła.

Wycieńczony emocjonalnie, następnego ranka zauważyłem, że prycza Jana była pusta. W nocy zabrali jego ciało.

Kiedy leżałem na pryczy i czekałem na gwizdek kapo, zastanawiałem się, co tym razem przyniesie mi dzień. Jaką nową torturę Niemcy chcieli nam pokazać? Może dzisiaj będzie ten dzień, w którym mnie zamordują. Uśmiechnąłem się do siebie. Z tą myślą zacząłem dzień.

Nie było daleko do świtu. W myślach wróciłem do momentu, w którym Stanley zgłosił się do obozu, żeby być ze mną i z ojcem. Pamiętam, jak trudne było wykonanie tak prostej czynności, jak pójście do toalety. Każdego dnia ktoś wpadał do ścieku, bo toaletą była duża dziura w desce i nie było czego się złapać. Trzeba było nad nią stanąć okrakiem, a więźniowie często nie mieli siły na to, żeby utrzymać równowagę. Stanley i ja chodziliśmy razem i każdy po kolei trzymał drugiemu ręce, żebyśmy nie wpadli do gnojowiska. W nocy niebezpiecznie było wychodzić poza barak, więc robiliśmy w nasze miski, a potem wycieraliśmy je, żeby następnego dnia zjeść z nich zupę.

Kiedy chodziłem korytarzykami pomiędzy pryczami, z jednej z nich usłyszałem jęknięcie. Zatrzymałem się, żeby zobaczyć, co się stało, i zobaczyłem więźnia, którego nazywaliśmy Profesor, w wielkim bólu. Wił i skręcał się, a duże krople potu spływały mu po twarzy. Ściągnąłem swoją czapkę i próbowałem wytrzeć nią pot z jego czoła. Chciałem coś dla niego zrobić. Próbowałem go uspokoić, ale mówił w innym języku i mnie nie rozumiał, nikt nie mógł tłumaczyć, ale chyba po prostu ludzki głos mu pomógł, bo na kilka minut ucichł.

To był mężczyzna po czterdziestce, był w obozach od dwóch lat. Imponował mi swoim wyglądem, bo wydawał się mężczyzną inteligentnym i wyrafinowanym. Chciałem go poznać lepiej, ale język stał nam na przeszkodzie i przyznam, że czułem się przy nim onieśmielony. Z jakiegoś powodu musiałem mu pomóc. Zawołałem innego więźnia, żeby mi asystował, ale tamten był zainteresowany tylko sobą i swoim życiem, więc odmówił pomocy.

Złapałem go na kołnierz i błagałem go.

— Nie możemy pozwolić mu umrzeć. Nie w ten sposób!

Byłem wrogo nastawiony i zły na tego mężczyznę z powodu kogoś, kogo ledwo znałem. O czyje życie tak naprawdę walczyłem?

— Głupi chłopcze! Jeśli komuś powiemy, po prostu go zastrzelą. Wiesz przecież, że mu tutaj nie pomogą.

— Może kapo coś będzie mógł zrobić. Może jest w obozie lekarz, który go uratuje.

— To szansa jedna na milion, chłopcze, ale możemy spróbować, jeśli nalegasz. Tylko módl się, żeby nas nie zastrzelili za zapytanie!

Poszliśmy do strażnika i powiedzieliśmy mu, co się działo.

Trzeba było pozwolić biednemu Profesorowi umrzeć po swojemu. Jak się okazało, wyciągnęli go na zewnątrz i zastrzelili. Następnego ranka znalazłem go twarzą w ziemi w kałuży własnej krwi. Sprawdziłem, czy w kieszeniach nie miał okruszków chleba.

Strażnicy, których przydzielono do tego obozu, byli jednymi z najokrutniejszych w niemieckiej armii, bo wcześniej odsiadywali za morderstwa, gwałty i inne obrzydliwe zbrodnie. Esmani specjalnie rekrutowali kryminalistów z powodu ich umiejętności zabijania niewinnych ludzi. Oczywiście, byli oni idealni do wykonywania rozkazów mordobicia i tortur. Wydawało się, że ci strażnicy zawsze czerpali dużo przyjemności z bycia okrutnymi i z wymyślania nowych tortur. Oni też mieli wszyte w ubrania kolorowe, trójkątne naszywki z literami symbolizującymi ich zbrodnie. W moim jaskrawoczerwonym trójkącie było J, co oznaczało, że byłem żydowskim więźniem politycznym. To była moja zbrodnia. Ale co ja tam wiedziałem o polityce? Miałem tylko trzynaście lat, kiedy zacząłem życie w piekle za drutami.

Ci zbrodniarze, ci strażnicy kradli nasze racje i jeszcze bardziej pomniejszali nasze zapasy jedzenia, tak że więcej ludzi umierało z głodu niż od kul. Wśród więźniów byli teraz też wojenni „więźniowie polityczni", którzy co jakiś czas dostawali paczki z jedzeniem od Czerwonego Krzyża.

Zaprzyjaźniłem się z kilkoma z nich i uczepiłem się ich jak rzep psiego ogona w nadziei, że i mnie dadzą czasami coś do jedzenia. Bez dodatkowych porcji i ja umarłbym z głodu. Moje modlitwy znowu zostały wysłuchane i dzięki ich uprzejmości udało mi się przeżyć.

---

Ten obóz sporo różnił się od innych, bo nie było tutaj wielu Żydów. Większość więźniów była chrześcijanami różnych narodowości, których aresztowano w ich krajach za protestowanie i walkę z niemieckim reżimem. Było tam wielu katolików. Księża, biskupi, a nawet kardynałowie dzielili ze mną baraki. Jakoś czułem się bezpieczniej z tymi chrześcijanami dookoła mnie. Zawsze myślałem, że w ten sposób będziemy mieć większe szanse na przetrwanie i cieszyłem się z tego pomieszania. Wciąż jednak musiałem mierzyć się z antysemityzmem innych więźniów i często zastanawiałem się, dlaczego tak było. Wszyscy byliśmy w tym samym bagnie, a mimo tego wciąż byli uprzedzonymi bigotami.

Mimo tego udało mi się zaznajomić z młodym, chrześcijańskim chłopakiem, którego Niemcy złapali na rosyjskim froncie. Był Rosjaninem i nazywał się Sergiej. Od miesięcy żył w różnych obozach i podobno przyzwyczaił się do takiego życia. Sposób, w jaki myślał i mówił, bardzo mnie poruszył. Nigdy nie zatracił swojej odwagi i ciągle robił plany na przyszłość i powrót do szkoły. Chciał wrócić na studia i wrócić do swojego życia sprzed wojny.

Też chciałbym umieć patrzeć do przodu i robić plany na przyszłość. Ale po co? Moja rodzina nie żyła, a ja nie chciałem wracać do Radomia. Jeśli kiedyś przyjdzie ten moment, w którym będę wolnym człowiekiem, dokąd miałbym pójść? W Radomiu doznałem tyle cierpienia i okropności, nad Niemcami się nawet nie zastanawiałem. *Może pojadę do Izraela?*, pomyślałem. Mój wujek Herman kiedyś obiecał mnie tam zabrać. Izrael jednak nie był krajem, a podróż do Ameryki też mogła być trudna. Potrzebowałbym nie tylko wizy, ale też kogoś, kto mógłby być za mnie odpowiedzialny i mnie sponsorować. Sergiej przynajmniej miał ojczyznę, do której mógł wrócić. A ja nie miałem ani gdzie, ani do kogo pójść. Wciąż każdego dnia walczyłem o przetrwanie. Od początku świata Żydzi byli ludźmi bez ojczyzny, a jednak zawsze znaleźli sposób na dobre życie i rozwój. I ja znajdę swój sposób na życie, nowe miejsce, nowych przyjaciół, a z czasem i własną rodzinę.

Sergiej był utalentowanym rzeźbiarzem i zrobił z kamieni kostki do gry w domino. Nauczył mnie jak grać. Graliśmy godzinami. Był dobrym i zawsze optymistycznym chłopakiem. Nauczył mnie wierzyć w przeznaczenie. Że to, co ma być, to będzie. Zawsze powtarzał, że mam nie patrzeć na negatywne, ale na pozytywne strony życia i zawsze szukać w ludziach najlepszego. Czasami w żartach pytałem go, czy znał mojego ojca. On sam nigdy nie opowiadał mi o swojej rodzinie. Kiedy go o to pytałem, odpowiadał, że rozmawianie o tym sprawiłoby, że czułby się samotny i smutny, a to zmniejszyłoby jego szanse na przetrwanie. Nie pozwalał sobie na użalanie się nad sobą, a myślenie o przeszłości tylko dodawało negatywnych emocji.

— Nie ma co rozmyślać o przeszłości, Mendel. Myśl tylko o

dzisiejszym dniu i miej nadzieję na jutro, żeby nas wyzwolili i żebyśmy znowu mogli żyć.

*Jaka to dobra filozofia*, pomyślałem. Pomogła mi ona nie oszaleć i trzymać się przy życiu. Nasza znajomość trwała tylko kilka tygodni, może dziewięć albo dziesięć, ale był najlepszym nauczycielem, jakiego kiedykolwiek miałem.

Znowu przyszła mroźna, ponura, zimowa pogoda. Pamiętam te lodowate poranki, kiedy jeszcze w mroku wychodziłem z pryczy na zewnątrz, trzęsąc się z zimna tylko po to, żeby nas policzyli. Nie pamiętałem, jak to było czuć się ogrzanym. Mój Boże, jak marzyłem o tym, żeby jeszcze raz było mi ciepło! Czasami pomagało mi myślenie o naszym przytulnym, ciepłym mieszkaniu w Radomiu. Próbowałem wyobrazić sobie ogień i udawać, że niedaleko mnie było źródło ciepła, ale moje stopy były wyjątkowo zimne. Nieważne, jak bardzo starałem się udawać, że są ciepłe, to było niemożliwe. Aż w końcu któregoś dnia w desperacji nazbierałem wysuszonych liści i napchałem ich do moich prowizorycznych sandałów, żeby powstrzymać choć kilka zimnych podmuchów powietrza. Robiłem tak, dopóki strażnik nie zauważył, jak zbierałem liście i pomyślał, że suszę je, żeby użyć ich zamiast tabaki i wymienić je na jedzenie. Skonfiskował, co zebrałem i kazał mi więcej tego nie robić. Więc byłem bez żadnych „skarpet".

Był styczeń 1945 roku i około siedemdziesięciu pięciu procent więźniów zmarło. Chodziliśmy dookoła bez sensu, czekając, aż skończy się dzień i zacznie kolejny. Pośród tych, co jeszcze żyli, rozchodziła się informacja, że zajęto Afrykę, Francja odzyskała niepodległość, Belgia znowu miała króla, a Rosjanie nie byli daleko od Berlina. Te pełne nadziei wiadomości przynosili do obozu nowi więźniowie i modliliśmy się o to, żeby już niedługo odzyskać wolność.

W końcu energia Niemców zaczęła słabnąć. Brakowało im już sił do walki za ojczyznę. W końcu zrozumieli ogromne konsekwencje swojej agresji i że ich państwo będzie musiało za nią zapłacić. Rozczarowani, zmęczeni i chorzy nie mieli sił na odwrót albo rewolucję, pozostał tylko strach przed tym, że ich kiedyś wspaniały kraj zostanie zajęty przez aliantów.

Sergieja przenieśli do innego obozu i znowu byłem sam.

Pewnego poranka stałem w śniegu i bagnistej ciapie, czekając na kolejne bezsensowne liczenie i na to, aż przyjedzie komendant obozu. Nie wolno nam było wyjść z szeregu, więc przeskakiwałem z nogi na nogę, żeby nie zamarznąć. Moje chude ciało wyglądało jak ludzka góra lodowa. Racje były rozdawane później, a ja byłem tak okropnie głodny, że wiedziałem, że nie przeżyję.

Nagle w zimnym powietrzu rozbrzmiał krzyk:

— Patrzcie w górę, chłopcy, patrzcie!

Tam, nad nami, samolot leciał bardzo nisko, jak gdyby piloci i załoga obserwowali obóz. Zauważyłem, że maszyna miała inne niż niemieckie oznaczenia. To był amerykański samolot, dzięki Bogu, amerykański. Potem kolejny więzień krzyknął coś w nieznanym mi języku, ale po jego tonie zrozumiałem, że był podekscytowany.

— Co on mówi, co to za język? — wyszeptałem do więźnia obok mnie.

— To flamandzki, tak mówią w Belgii — odpowiedział.

Nie wolno nam było rozmawiać podczas apeli i niestosowanie się do rozkazu oznaczało śmierć. Ale tak bardzo chciałem usłyszeć, co mówił.

— Proszę, powiedz, co on powiedział.

Więzień mi tłumaczył.

— On krzyczy: „Co wam zajęło tak długo? Pięć lat na was czekaliśmy! Ile jeszcze zanim zabijecie te niemieckie @#$%?! Pomóżcie nam, zanim zabiją całą resztę!".

Słuchałem i kiwałem głową w zgodzie. Zdecydowanie za długo tu siedzieliśmy. *Kto wie, może i tak już jest za późno, żeby nas uratować*, pomyślałem.

Mężczyzna zatracił się w swoim podekscytowaniu i zanim się zorientował, komendant podszedł do niego, wyciągnął swój pistolet i strzelił Belgowi w szyję. Dwóch innych strażników odciągnęło go na bok, zostawiając na zmarzniętej ziemi ślady krwi. Kolejny, który nie posmakuje słodkiego smaku zemsty, kolejny, który nie doczeka upadku tyranii Rzeszy.

Nigdy nie wiedzieliśmy, co stanie się w obozach. Ten człowiek w jednej minucie żył i krzyczał, w drugiej już był martwy. Nie wiedzieliśmy, kim był, nie było nikogo, kto by go znał. Był nieznajomym, nikt nie powiadomi o śmierci jego kraju albo rodziny.

Jego rodzina, jeśli jakąś miał, nigdy nie będzie wiedziała, co się z nim stało. I taki był los tysiąca zgładzonych ofiar — umrzeć i być zapomnianym, bez żadnych dokumentów albo testamentów. Będzie pochowany w płytkim grobie z innymi szczątkami, bez krzyża albo Gwiazdy Dawida. Zastanawiałem się, czy świat kiedyś dowie się o tych niezliczonych ofiarach, które ucierpiały z rąk nazistów podczas ich reżimu między 1933 a 1945 rokiem, nie tylko w Niemczech, ale w całej Europie.

---

Któregoś dnia do obozu przyjechała grupa niemieckich oficerów, która zaczęła wybierać więźniów. Zbadano nas i byłem wśród około sześciuset ludzi, których załadowano do ciężarówek i wywieziono.

Jak zwykle nie wiedziałem, dokąd jechaliśmy. Jedyne, co wiedziałem, to to, że wszyscy byliśmy chorzy. Niektórzy byli szkieletami, inni byli niezdrowo napuchnięci, ale wszyscy byliśmy niedożywieni i w łachmanach. Smutno było na nas patrzeć. Byliśmy pewni, że byliśmy w drodze do zagłady. Na co innego się nadawaliśmy? Pożegnaliśmy się ze sobą i czekaliśmy na koniec cierpień. *Niech tylko śmierć będzie szybka*, modliłem się. Podczas naszej podróży rozmawialiśmy o tym, co robiliśmy przed wojną, gdzie mieszkaliśmy, o naszych rodzinach, naszych życiach sprzed wepchnięcia nas do obozów koncentracyjnych. Każda osoba mówiła w swoim ojczystym języku, słowa się mieszały. Trzymaliśmy się za ręce i płakaliśmy.

Nagle długi konwój ciężarówek się zatrzymał. Próbowałem zerknąć przez szparę w narzucie i zobaczyć, gdzie dojechaliśmy. A potem przypomniałem sobie ten okropny widok ciężarówek w

Auschwitz zrzucających ładunek z cennych ludzkich ciał wprost do krematorium.

Moje myśli szalały. Czy ci ludzie mieli rodziny? Czy doświadczyli w życiu radości z bycia zakochanym albo zachwytu nad nowonarodzonym dzieckiem? Czy cieszyli się ze świąt i czy radowali się zmieniającymi się porami roku? Kto dał im prawo odbierać to innym?

Pomyślałem i o moim krótkim życiu, które zostanie odebrane mi po tym, jak przez pięć lat musiałem przecierpieć każdą torturę i każde okrucieństwo, jakie można sobie tylko wyobrazić. Pomyślałem o Bogu i o tym, po co oszczędzał mnie przez tyle lat, skoro za chwilę wepchną mnie do gazu i spalą moje ciało na prochy. Zamknąłem oczy i wyszeptałem: „Idę, Mamo".

Ściągnięto narzutę z ciężarówki. Moje serce biło bardzo szybko. Chwyciłem rękę więźnia obok i ze łzami się z nim pożegnałem. Kiedy moje oczy przyzwyczaiły się do światła, szczęka opadła mi na widok przede mną. Nosze! Długi rząd noszy i ludzi czekających, żeby nam pomóc! Mój Boże! Czy to prawda? Czy w końcu ktoś nam pomoże?

Od razu podniesiono mnie — tak, podniesiono — z ciężarówki i położono na noszach, przykryto ciepłym kocem i zabrano mnie do drewnianego baraku, który był częścią centrum rekonwalescencyjnego. Kiedy szliśmy dalej, dotarło do mnie, że ktoś mi pomoże i może nawet da więcej jedzenia. Teraz miałem szansę na przeżycie. Po cichu dziękowałem Bogu.

Kiedy niesiono mnie do baraków, mój wzrok przykuły zapasy i urządzenia dla nas przeznaczone. W budynku stały rzędy prycz, każda była zajmowana przez pacjenta przykrytego własnym kocem. W ścianach były okna, było czysto, a pielęgniarze czekali na więźniów. Na chwilkę zamknąłem oczy i pomyślałem, że może umarłem i byłem w niebie. Dotyk prawdziwego koca na moim ciele, po raz pierwszy od pięciu lat, był dla mnie luksusem. Owinąłem się nim i łzy szczęścia spłynęły po mojej twarzy.

Odrobina ludzkiej uprzejmości po latach okrutnego traktowania. To mnie przerosło i poddałem się swoim uczuciom. Po raz pierwszy od długich lat pełnych tortur czułem się bezpiecznie.

Wszystko było dobrze i wiedziałem, że przeżyję. Niebezpieczeństwo i strach przed eksterminacją zniknęły. Bo przecież nie kłopotaliby się mi pomóc tylko po to, żeby mnie zabić. Moje szanse na przeżycie były większe niż kiedykolwiek wcześniej. Poczułem ogromne szczęście i zasnąłem.

Kiedy się obudziłem, dano mi ciepły rosół. Jak dobrze smakował! Miałem nadzieję, że pozwolą mi zatrzymać koc. A potem zauważyłem mężczyznę po drugiej stronie. Miał ogoloną głowę, ale mimo tego zauważyłem, że miał siwe włosy. Miał niezdrową, zszarzałą skórę. Chciałem z nim porozmawiać, ale wyglądało na to, że mnie nie rozumiał.

Potem spróbowałem komunikować się z nim na migi, ale tego też nie rozumiał. Desperacko chciałem wiedzieć, czy wiedział, gdzie byliśmy i dlaczego traktowali nas tak po ludzku. Nie rozumiał jednak, o co pytałem.

A potem z góry usłyszałem głos mówiący coś po rosyjsku. A ponieważ rosyjski jest podobny do polskiego, wiedziałem, że był to ktoś, z kim mogłem porozmawiać i od kogo może mogłem dowiedzieć się więcej.

— Jak się pan ma, proszę pana, jak się pan ma? — zapytałem łamanym rosyjskim.

— Jesteś Rosjaninem?

— Nie, Polakiem. Mieszkałem w Radomiu.

Potem zadał mi pytanie, które tak często słyszałem przez ostatnie pięć lat.

— Jak długo tutaj jesteś?

— Przyjechałem dzisiaj, nie mam pojęcia, gdzie jestem.

— Mogę ci powiedzieć, ale zanim to zrobię: jak się nazywasz?

— Mendel Steinberg — odpowiedziałem.

— Ja jestem Iwanowicz — powiedział mi. — Jesteś Żydem, tak?

— Tak, jestem. Po pięciu latach odsiadki za moją zbrodnię, z dumą mogę powiedzieć, że jestem Żydem.

Powiedziałem to wszystko trochę zirytowanym tonem, bo zastanawiało mnie, czemu w ogóle mnie o to zapytał. Czemu ma to dla niego znaczenie, czy jestem Żydem, czy nie? Mój Boże, czy to odwieczne pytanie o bycie Żydem się kiedyś skończy? Co to za różnica! Szczególnie teraz, kiedy wydawało się, że w końcu ktoś nam pomagał i mieliśmy szansę na przeżycie i bycie wolnymi.

— Nie denerwuj się, Mendel. Mój ojciec też był Żydem, a matka chrześcijanką.

— Nie chcę tego słuchać. Po prostu powiedz mi, gdzie jesteśmy i czemu traktują nas jak ludzi, a nie zwierzęta.

— Masz szczęście, że tu jesteś, Mendel. Tutaj nie trzeba pracować. Leczą nas. Dają nam trochę więcej jedzenia, jest całkiem smaczne. Możemy siebie nawzajem odwiedzać. Są nawet gazety do czytania.

— Ale czemu? Nie rozumiem?

— Też się zastanawiałem. Myślę, że to dlatego, że Niemcy w końcu zrozumieli, że przegrywają i za chwilę będą musieli stanąć przed światem i odpowiedzieć za swoje zbrodnie. Nie tylko wobec Żydów, ale wobec każdego, kto stanął na ich drodze do rządzenia światem. Teraz chcą spróbować wyleczyć niektórych więźniów, zrobić z obozów przyjaźniejsze miejsca, żeby wydawało się, że zawsze po ludzku traktowali więźniów.

— Jak głupi muszą być ci Niemcy, skoro wydaje im się, że mogą ukryć swoje zbrodnie. Jest ich zbyt dużo, żeby o nich zapomnieć. Czy ja kiedykolwiek mógłbym zapomnieć o prawie sześciu latach terroru, okrucieństwa, głodu, tortur, strachu i samotności? Nie, Iwan, świat będzie wiedział i mam nadzieję, że nigdy nie zapomni. A jeśli zapomni, to do końca życia będę mu przypominał. To ci obiecuję.

— Jeszcze jedno, Mendel. Zobaczysz tutaj, jak działa Czerwony Krzyż. Wysyłają ludzi, żeby sprawdzili, jak się traktuje ludzi w obozach. Oczywiście, więźniom nie wolno z nimi rozmawiać. Tylko Niemcy mogą to robić. Więc oni tak naprawdę nie wiedzą, co się dzieje ani nie mają okazji usłyszeć o wszystkich okrucieństwach. Przyjdzie jednak dzień, kiedy wszystko wyjdzie na jaw i modlę się, żeby stało się to szybko.

— Chcesz mi powiedzieć, Iwan, że świat nie wie o Auschwitz, o Dachau, o Buchenwaldzie i całej reszcie?

— Nie ma na to prawdziwych dowodów. Tymi obozami, jak wiesz, rządzą Niemcy. Nikt z zewnątrz nie ma do nich wstępu.

Więźniowie nie mają jak uciekać. Więc na razie wciąż utrzymują wszystko w sekrecie.

Pomyślałem, że cóż za szopkę odgrywają przed światem!

— Powiedz mi, Iwan, trochę o sobie. I gdzie jesteśmy?

— Jestem jeńcem wojennym, odkąd Niemcy zaczęli bić się z Rosjanami. Przywieźli mnie tutaj, bo obie nogi mi zamarzły i musieli je amputować.

— Och, przykro mi, jak okropnie! — Jakie szczęście miałem, że ja wciąż miałem swoje kończyny, wzrok i wszystko inne w nienaruszonym stanie.

— Tak, nacierpiałem się więcej, niż mogę ci powiedzieć, ale tutaj przynajmniej czuję, że przeżyję. Może z czasem, kiedy kikuty mi wyzdrowieją, dostanę kule i będę się mógł znów poruszać.

Jego pozytywne nastawienie zainspirowało mnie. Zacząłem rozumieć, dlaczego, kiedy życie staje się trudniejsze, moja wola do życia stawała się silniejsza.

— A jak się nazywa ten obóz, Iwan?

— Neckargerach. Nad piękną rzeką Neckar.


Nie widziałem więcej Iwana. Po kilku dniach zabrano mnie do szpitala na badanie, a potem przeniesiono mnie do innego baraku. Życie nabrało znajomego tempa. Skoro wciąż mogłem chodzić, kazano mi stawiać się na apelach, które były organizowane o najróżniejszych porach. Patrząc przez okno, zauważyłem, że w obozie było też dużo więźniarek. Dziwny był to dla mnie widok. Nosiły te same pasiaki co mężczyźni, ale wciąż mogłem je rozpoznać. Coś w sposobie, w jaki ubrania wisiały na ich ciałach, i to, jak chodziły, zdradzało ich płeć.

Był luty, więc było zimno, na ziemi leżał śnieg, ale po raz pierwszy od lat było mi ciepło. Barak był ogrzewany, miałem też swój cenny koc. Zupa, którą nam dawali, była z warzywami. Była ciepła, gęsta i czułem się najedzony. Powoli odzyskiwałem swoje siły. I jeszcze jedna niezwykła rzecz: Czerwony Krzyż rozdawał gazety z różnych krajów i godzinami oglądałem zdjęcia. Większości nie umiałem przeczytać, ale zdjęcia były dobrej jakości i w większości przypadków opowiadały historie.

Często myślałem o Papie i Stanleyu, żałowałem ich. Nie miałem żadnych dowodów, ale czułem w głębi ducha, że ich zgładzono. Wiele godzin spędzałem na myśleniu o przyszłości, gdzie pójdę, co będę robił.

Ten raj trwał przez kilka tygodni, a potem nagle nasze racje zmniejszono prawie do niczego. To było w marcu 1945. Potem przez dwa dni byliśmy bez jedzenia i wody. Wielu chorych poumierało w swoich pryczach. To był kolejny koszmar. Więźniowie w barakach stali się złośliwi, a ja byłem przerażony. Jeden z nich zobaczył krowę prowadzoną przez obóz. Wykrzyczał tylko jedno słowo: „Jedzenie!", a ci, którzy mogli jeszcze chodzić, pobiegli do krowy, na miejscu ją zabili i jedli surowe mięso. Ja nie miałem szczęścia, nie wystarczyło go dla mnie, ale pamiętam, że ktoś mi dał kawałek skóry z czarnymi włosami. Włożyłem ją do buzi i żułem, żeby nazbierała się ślina i nie mieć sucho w buzi.

Pod koniec marca, koło trzeciej rano, do obozu przyjechała grupa niemieckich strażników. Kazali nam wstać i iść na zewnątrz na apel. Jedyne, czym mogłem się przykryć, to koc. Zębami wytargałem w środku niego dziurę i przełożyłem go przez głowę. Z kawałka drutu, który znalazłem na ziemi, zrobiłem pasek, który trzymał moje ponczo blisko ciała. Wtedy w końcu powiedziano nam prawdę o wojnie: Amerykanie, Brytyjczycy i Francuzi byli blisko, obóz natychmiast ma być ewakuowany. Czy kiedyś skończą się te tortury? Wydawało się, że już milion razy umarłem. To będzie ostatni raz, pomyślałem, moja ostatnia bolesna podróż. Setki więźniów było zbyt chorych albo zbyt słabych, żeby iść o własnych siłach, więc wyniesiono ich na noszach.

Niemiecki komendant ogłosił przez głośnik:

— Do pociągu musicie przejść dziesięć kilometrów. Pójdziecie w szeregach, po pięciu w grupie. Złapcie się za ramiona. Dwóch z brzegu rzędu ma być odpowiedzialnych za pozostałych trzech. Jeśli ktoś wyjdzie z szeregu, od razu będzie zastrzelony. Mam obowiązek przetransportować was do pociągu jak najszybciej.

Jak nam rozkazano, ustawiliśmy się w szeregach. Większość, tak jak ja, nie miała ubrań, tylko koce owinięte wokół ciał. Kazano nam maszerować. Otwarli bramę i więźniowie zaczęli iść. Pomyślałem, że to musiał być już ostatni z długich, okrutnych marszów. Cierpienie się kończyło, a nas uwolni albo śmierć, albo alianci. Te myśli dodawały mi siły i chęci do życia. Wolność po sześciu latach nazistowskiego terroru! *Boże, niech to będzie prawda,* modliłem się.

Ruszaliśmy się powoli. Najpierw szły kobiety, potem długi rząd niosących nosze, i takich jak ja, którzy mogli iść samodzielnie. Z boku na koniach jechali Niemcy, obok nich ich potworne psy. Jak zwykle nie chcieli, żeby cywile nas zobaczyli, więc unikaliśmy dróg, mimo że łatwiej i szybciej by się po nich szło. Maszerowaliśmy przez wciąż mokre i bagniste od wiosennego ocieplenia pola. Wielu więźniów, chorych i słabych, potykało się i upadało, ale szybkie uderzenie pałką podnosiło ich na nogi. Wielu ludzi umarło.

Byłem jednym z bocznych więźniów, więc miałem jedną wolną rękę. Przechodząc obok marnie wyglądającego budynku, podniosłem wzrok i zobaczyłem małą dziewczynkę, wyglądającą na siedem lat, wychylającą się z okna. Upuściła ogryzek jabłka, a ja wyciągnąłem rękę i go złapałem. Już chciałem go zjeść, kiedy strażnik zauważył i wytrącił mi go z ręki kolbą karabinu. Uderzył mnie w klatkę piersiową. Straciłem równowagę i upadłem. Byliśmy już blisko celu, więc przez resztę drogi pozostali czterej mężczyźni wlekli mnie za sobą.

Mimo że byłem ledwo przytomny, wszystko wyryło mi się w pamięci. Kiedy dotarliśmy do pociągów, wagony nie miały dachu, a w środku było kilka centymetrów śniegu. To były nasze łóżka. Moja pierś okropnie mnie bolała, delikatnie dotknąłem miejsca, gdzie mnie uderzono. Wydawało mi się, że była tam głęboka rana i miałem trudności z oddychaniem. Udało mi się urwać kawałek z koca i z pomocą innego więźnia ciasno owinąłem go wokół klatki jak bandaż. To miejsce do dzisiaj mnie boli.

Pociąg zaczął jechać. Było przeraźliwie zimno, a przez ciepło ostatnich tygodni byłem bardziej wrażliwy na lodowaty wiatr. Leżąc w śniegu z bolącą klatką piersiową, prawie niezdolny do oddychania, pomyślałem, że musiałby się zdarzyć cud, żebym przeżył. Kiedy patrzyłem w niebo, przypomniałem sobie wschodzące słońce i zasnąłem.

Obudziłem się wśród krzyków.

— Kiedy tylko pociąg zwolni na zakręcie, skaczcie!

Zorientowałem się, że mieliśmy możliwość ucieczki, ale byłem zbyt słaby, chory i obolały, żeby się ruszyć.

Potem usłyszałem kolejny głos.

— To wasza jedyna szansa na przetrwanie. Oni wysadzą ten pociąg. W przednich i tylnych wagonach mają na to wystarczająco benzyny. Nie ma czasu na to, żeby nas zawieźli do Dachau. Skaczcie, jeśli chcecie przeżyć!

Próbowałem się poruszyć. Nie umiałem. Ledwo oddychałem. Widziałem, jak ludzie dookoła mnie skakali. Słyszałem strzały. A potem Francuz z bandażem na głowie wdrapał się do naszego wagonu i powiedział nam, żebyśmy byli cicho. Wspinał się po wagonach, aż dotarł na początek pociągu, gdzie Niemcy trzymali benzynę. Miał odkręcić dyszę, żeby paliwo wyciekło. Inny więzień próbował zrobić to samo z tyłu pociągu. *Niech im się uda*, modliłem się.

Usłyszałem kolejną syrenę ostrzegającą przed nalotem i pomyślałem: *Stało się! Wybiła moja godzina!* Ale oszczędzono nas. Musieli zauważyć, że nie byliśmy żołnierzami, tylko pociągiem pełnym smutnych, obdartych dusz, więc odlecieli. Pociąg wjechał do tunelu, długiego, ciemnego tunelu. Zatrzymał się. Pomyślałem, że tam nas wysadzą, bo nie wiedziałem, czy ci dwaj mężczyźni dotarli do zapasu benzyny, czy nie. Po chwili, która wydawała się wiecznością, nastąpiła martwa cisza. Krzyki niemieckich strażników ustały. Cisza była upiorna, a potem została przerwana jękami chorych ludzi i szmerem przyciszonych głosów mówiących w różnych językach.

Wydawało mi się, że serce mi stanęło, a potem wszyscy zaczęli się orientować, że Niemcy nas zostawili. Kilku więźniów poszło na zwiady, żeby się rozejrzeć i zobaczyć, co się działo. Wkrótce wrócili do nas z cudownymi wiadomościami: nigdzie nie było widać żadnych Niemców. Wszyscy odeszli. W przerażeniu nie od razu zorientowałem się, co to oznaczało, ale powoli zacząłem rozumieć: jestem wolny!

Po raz pierwszy od sześciu lat nie pilnowali mnie żadni Niemcy. Na początku nie umiałem tego zrozumieć. Musiałem sobie to przemyśleć. Pomyślałem o Papie i Stanleyu. Jeśli wciąż żyli, oni też niedługo będą wolni i będę mógł ich znaleźć. Zaczniemy życie na nowo, razem. Dotknąłem powoli spływających po moich policzkach łez szczęścia. Płakałem za siebie i za wszystkich, którzy cierpieli i zginęli podczas wojny.

Jeden z więźniów zaczął wydawać nam polecenia.

— Uspokójcie się i nie ruszajcie się z miejsca — powiedział nam. — Spróbujcie nie panikować. Wydostaniemy się stąd. W tunelu są cztery tory z pociągami pełnymi więźniów. Jeśli uda nam się współpracować, wydostaniemy się, ale prawdziwym niebezpieczeństwem będzie, jeśli sytuacja przerodzi się w panikę.

Ciemność i fakt, że utknęliśmy w tunelu pełnym tysiąca ludzi bliskich paniki, nie robiły na mnie wrażenia. Tylko jedno miałem w głowie: wolność! Nic innego nie mało znaczenia. Wolność! A potem sobie coś uświadomiłem. Próbowałem się ruszyć, wstać, ale nie miałem na to siły. Wszystko mnie bolało. *Proszę, wyślij kogoś, kto mi pomoże,* błagałem. Moje modlitwy zostały wysłuchane.

Spokojne i dobre zachowanie więźniów trwało tylko przez chwilę. Nie mogli zapanować nad uczuciem radości z tego, że w końcu byli wolni. Nagle tunel wypełnił się krzykami, wywoływaniem imion, które echo głośno powtarzało.

Usłyszałem jednego mężczyznę, próbującego ustalić tożsamość innych, krzyczącego: „Nazywam się Stanisław Płotnik z Łodzi, z Polski. Jest tu ktoś z mojego miasta? Niech przyjdzie do wagonu numer cztery na trzecich torach".

Wydawało się, że wszyscy więźniowie chcieli nagle odnaleźć przyjaciół i krewnych. Wykrzykiwali ich imiona we własnym języku, mając nadzieję, że ktoś będzie znał ich lub ich rodziny.

Potem silna ręka dotknęła mojego ramienia. Skrzywiłem się w bólu.

— Kto tu leży w rogu, jak się nazywasz i skąd jesteś?

— Jestem Mendel Steinberg, mieszkałem w Radomiu, w Polsce.
— Czemu się nie ruszysz i nie wysiądziesz z pociągu?
— Nie mogę wstać. Moja klatka piersiowa zbyt mnie boli.
— Pomogę ci.

Jego silne ręce podniosły mnie, jakbym był dzieckiem, i postawiły mnie na nogi. Jak cudownie było znowu chodzić, mimo bólu.

— Jak się nazywasz?
— Mendel Steinberg — powiedziałem mu.
— Twój ojciec był szewcem w Radomiu? — zapytał. — Masz brata Stanleya?
— Tak, tak! — odpowiedziałem. — Ale dawno temu nas rozdzielili, pewnie oboje już nie żyją.

Złapał mnie mocno za ramiona.

— Nie, Mendel, wcale nie. Są w tym tunelu razem z tobą.
— O mój Boże, czy to prawda? — zapytałem go.

Zapewnił, że mówił prawdę. Byli w tym samym wagonie, co on i dobrze się poznali.

Myślałem, że umrę ze szczęścia.

— Są w pociągu na trzecim torze, piąty wagon od tyłu. Dojdziesz do nich sam?
— Tak, dam radę.

Nie miałem jednak wystarczająco siły i po kilku próbach dojścia do nich musiałem się poddać. Próbowałem głośno krzyczeć, mając nadzieję, że mnie usłyszą.

— Papo! Stanley! Papo! Stanley!

Ale nikt mi nie odpowiedział. Nikt nie przyszedł. Zacząłem płakać. Byli tak blisko, a nie mogłem do nich dotrzeć! Położyłem się wycieńczony krzykiem, a potem wpadłem na pomysł. Lata temu, kiedy byliśmy mali, miałem ze Stanleyem sekretny gwizd. Używaliśmy go w razie wypadku. Kiedy go słyszeliśmy, nie przestawaliśmy gwizdać, dopóki się nie odnaleźliśmy. Wtedy, mimo bólu w piersi, zacząłem gwizdać naszą melodię. Na początku była cicha, ale w końcu wybrzmiała głośniej i czekałem na odpowiedź. Nie przyszła. Próbowałem znowu, ale z takim samym skutkiem.

Błagałem więźniów dookoła mnie, żeby przez chwilę byli cicho, żeby mój gwizd lepiej się niósł, ale byli tak szczęśliwi, że byli wolni, że mnie nie słuchali.

Poprosiłem ich znowu, ale tym razem jeden z nich na mnie nakrzyczał.

— Zamknij się. Nie widzisz, że świętujemy wolność? Znajdziesz brata i ojca. Nie martw się. Jesteśmy wolni. Rozumiesz? WOLNI, WOLNI, WOLNI!

Wszyscy zaczęli klaskać.

W końcu się uciszyli i znowu spróbowałem gwizdać. Tym razem odpowiedziało mi echo. Wiedziałem, że to mógł być tylko Stanley i w końcu miałem pewność, że Papa i on wciąż żyli, jak mi powiedziano.

— Dzięki Bogu! Dzięki Bogu! ó— tylko tyle mogłem powiedzieć.

Słyszałem gwizd coraz bliżej mnie, kiedy prowadziłem brata do miejsca, w którym leżałem. Musiał wiedzieć, że nie mogłem się ruszać, bo inaczej pobiegłbym im na spotkanie. Tylko chwila dzieliła nas od spotkania, ale przyszedł tylko Stanley i na początku go nie poznałem. Miał na sobie podarty niemiecki mundur. Był bardzo chudy i miał twarz starego mężczyzny. Ale kiedy się odezwał, wiedziałem na pewno, że to on.

Nie ma słów, żeby opisać, co czułem.

Kiedy Stanley mnie objął, krzyknąłem z bólu.

— Co się stało, Mendel? O co chodzi?

— Mam ranę w piersi od niemieckiej kolby — powiedziałem mu.

— To jesteśmy kwita, Mendel. Też jestem ranny. Mam złamaną rękę. To się stało, kiedy alianci zbombardowali obóz. Widzisz? Jest w gipsie.

— Mamy szczęście, że nic gorszego się nam nie stało. Och, Stanley, czy możesz uwierzyć, że naprawdę jesteśmy wolni? Gdzie jest Papa?

— Był ze mną, zaraz go do ciebie przyprowadzę. Ale teraz pomogę ci wejść do jednego z wagonów, żebyś mógł sobie odpocząć.

Jak cudownie było być znowu ze Stanleyem! Po raz pierwszy od wielu lat nie bałem się. Byłem szczęśliwy, bo wiedziałem, że Papa i Stanley żyli i że znowu będziemy razem. Nigdy tego nie zapomnę.

Najpierw Stanley dał mi trochę jedzenia. Skoro mógł chodzić, znalazł wagon z zapasami i chwilę później wrócił z chlebem z margaryną. Potem rozmawialiśmy. Mógłbym napisać kolejną książkę o tym, co mi opowiedział. Po chwili odpoczynku pomógł mi zejść z wagonu i czołgając się na kolanach i dłoniach, w końcu po jakichś pięciu kilometrach wyszliśmy z tunelu.

Tunel był wypełniony kurzem i chociaż trudno było mi oddychać, świeże powietrze było wielką ulgą. Stanley pomógł mi wygodnie ułożyć się niedaleko jakiejś sadzawki. A potem zobaczyłem ojca. Mimo jego wytartych ubrań, mimo jego wychudzonego ciała, od razu go rozpoznałem, a mój słaby okrzyk „Papa!" wystarczył, żeby w pośpiechu do nas podszedł. Uścisnęliśmy się, ucałowaliśmy się i przez moment zapomniałem o bólu.

Nie byliśmy jednak jeszcze bezpieczni. Niebezpieczeństwo wciąż się czaiło dookoła nas. Stanley do nas dołączył i kiedy byliśmy razem w trójkę, czułem, że damy sobie radę ze wszystkim. W oddali mogliśmy zobaczyć armie w akcji. Niemcy do oporu próbowali walczyć, chociaż pewnie zdawali sobie sprawę z tego, że i tak już przegrali. Bitwa była na tyle blisko, że słyszeliśmy eksplozje, widzieliśmy czołgi, artylerię i armaty aliantów.

Siedzieliśmy w ciszy. Bycie razem i możliwość dotknięcia siebie nawzajem była czymś, o czym nie ośmieliliśmy się wcześniej marzyć. Uśmiechaliśmy się i od czasu do czasu Papa kręcił głową i mówił: „Nie mogę uwierzyć. Jestem tutaj, żywy, razem z moimi synami".

Nikt z nas nie wspomniał macochy ani Jacoba. To było wciąż zbyt bolesne, żeby o tym rozmawiać.

Czekaliśmy na kolejny ruch.

Kiedy bitwa stała się bardziej zaciekła, wróciliśmy dla ochrony do tunelu, a kiedy się uspokoiło, znów wyszliśmy na świeże powietrze. Kilku silniejszych więźniów zajęło się wagonem z żywnością i sprawiedliwie rozdawali racje, ale jedzenie szybko się skończyło i znów groziło nam głodowanie. Ktoś jednak znalazł opuszczony ogród z warzywami, więc udało się nam wytrwać. Włosi, którzy z nami byli, znaleźli długą trawę, która zawierała w sobie białą, mleczną substancję, którą ssali, a jacyś Francuzi z niedalekiego stawu wyłowili meduzy i ślimaki, które zjedli, żeby przeżyć. Ciekawie było obserwować, jak każda narodowość znalazła sposób na przyrządzenie posiłku z tego, co mieli pod ręką.

Mimo że odzyskaliśmy wolność, wciąż wszyscy bali się, że tunel będzie zbombardowany. Staraliśmy się wymyślić sposób, w jaki moglibyśmy dać znać aliantom, że nie byliśmy wrogami, ale przyjaciółmi. Potem ktoś wpadł na pomysł. Ci, którzy mieli szczęście mieć na sobie jeszcze koszulę, mieli ją ściągnąć. Zebrano je razem i zawieszono na patykach na każdym końcu tunelu. Te dodatkowe ułożono w duży kwadrat, żeby przyciągnąć uwagę alianckich pilotów i dać im znać, że czekamy na wyzwolenie.

Kilku wciąż silnych i zdrowych mężczyzn stworzyło punkt obserwacyjny na zewnątrz i któregoś ranka odkryli tysiące ulotek, które po niemiecku ostrzegały nas, żebyśmy się nie ruszali, bo za niedługo przyjdzie pomoc. Ta obietnica sprawiła, że musieliśmy zmniejszyć racje i pogodzić się z gorącem i niewygodą. Teraz wydaje mi się, że niewielkie było to poświęcenie.

W tunelu byliśmy przez sześć dni, na pomoc czekało około tysiąc dwieście mężczyzn i kobiet. Aż w końcu przyszedł ten dzień. Data na zawsze będzie wyryta w mojej pamięci: 5 kwietnia 1945 roku.

Amerykanie w końcu nas wyzwolili. Jakimi bohaterami, jakimi supermenami dla nas byli! Wszyscy się ściskali i całowali, a ja z ogromnej wdzięczności upadłem na ziemię i ucałowałem stopy jednego z moich nieznajomych wybawicieli.

---

1. Błąd w oryginale, właściwy zapis w języku niemieckim powinien brzmieć „Herr Kommandant".

# ŚWIATŁO

Kiedy skończyło się bombardowanie, nastąpiła głucha cisza i czuliśmy, że zbliża się koniec tego wszystkiego. Pierwsze, co zauważyłem, to amerykańskie czołgi z załogą w zielonych mundurach. Najpierw byłem zdziwiony, sądząc, że był to niemiecki czołg, ale kiedy tylko jeden z żołnierzy zaczął mówić, rozpoznałem angielskie słowo „OK", które często słyszałem w filmach przed wojną i od razu wiedziałem, że ci mężczyźni byli naszymi przyjaciółmi.

Amerykanie traktowali nas wspaniale. Poinformowali nas, że ciężarówki Czerwonego Krzyża po nas przyjadą i zabiorą nas do wioski Osterburken, gdzie będziemy mogli swobodnie się poruszać, dopóki nie znajdą dla nas lepszego miejsca.

Mogłem myśleć tylko o jednym: wolność! To słowo wciąż i wciąż powtarzało się w moich myślach. Być wolnym, pozbawionym strachu to coś, o czym od dawna marzyłem. Moje szczęście było tak wielkie, że prawie mnie przerastało. Papa, Stanley i ja byliśmy wniebowzięci, że przetrwaliśmy i w końcu mogliśmy być razem. Płakaliśmy z ulgi i ze szczęścia.

Jak obiecali, niedługo potem przyjechały ciężarówki i zabrano nas do miasta. Mogliśmy swobodnie chodzić, nigdzie nie było drutów kolczastych, strażników obserwujących nasz każdy ruch ani sokolego wzroku żołnierzy z wież obserwacyjnych. Wiedzieliśmy, że za niedługo dostaniemy dużo jedzenia, ubrania, miejsce do spania. Byliśmy szczególnie zadowoleni z tego, że osoby, które potrzebowały opieki medycznej, ją otrzymały.

Fakt, że byliśmy wolni, znaczył dla mnie tak dużo, że prawie zapomniałem o ranie na piersi i o tym, że wciąż byłem boso i miałem na sobie tylko brudny koc. Jakoś nie miało to dla mnie wtedy znaczenia. Byłem wolny.

Po wejściu do miasta każdy mógł zauważyć wiszącego gestapowca z pętlą na szyi. Podszedłem bliżej i przyjrzałem się temu dyndającemu w powietrzu, martwemu mężczyźnie. Nie czułem wobec niego żadnych emocji. Moje serce było osowiałe. Próbowałem go nienawidzić i powtarzałem sobie, że nie był dobrym człowiekiem i zasługiwał na śmierć, ale nie czułem nic. Jedyne, co zauważyłem, to jego buty. Już ich nie potrzebował, więc odwiązałem je i założyłem na własne stopy. Były dużo za duże, ale miałem buty i tylko to się liczyło.

Później poszliśmy do opuszczonego domu, w którym znaleźliśmy starą skrzynię i wepchnięty w nią frak i cylinder. Założyłem cylinder, a kiedy Papa zobaczył mnie w nim i w za dużych butach, powiedział, że z biedaka zamieniłem się w księcia, doprawdy prawdziwego dżentelmana. Po raz pierwszy od sześciu lat śmialiśmy się razem głośno, dopóki nie rozbolały nas brzuchy.

Papa, Stanley i ja szliśmy ulicą, obejmując się ramionami, kiedy zauważyliśmy skrzynkę jajek. Byliśmy głodni, ale nie mieliśmy ochoty na jedzenie, tylko na naszą nową wolność. Jak dobrze było robić to, co chcieliśmy. Zatrzymaliśmy się i zaczęliśmy rozbijać jajka, jedliśmy je surowe. Były pyszne. Niestety zjadłem ich tyle, że przez kilka dni męczyła mnie biegunka. Ale nie miało to znaczenia! Byłem wolny!

Ulice Osterburken były opuszczone. Niemieccy mieszkańcy miasta uciekli. Bali się nie aliantów, ale tysiąca wyzwolonych więźniów wojennych. Bali się zemsty, więc opuścili swoje domy i sklepiki.

Amerykanie nie mieli czasu na wymyślenie sposobu organizacji więźniów, więc nie mieliśmy żadnego nadzoru i zaczął się chaos.

Zaczęły się kradzieże, niemieckie budynki były niszczone. Włamywano się do sklepów, więźniowie brali, co chcieli. Nikt nie kontrolował nowej sytuacji. Wielu więźniów wierzyło, że mają prawo do zabrania tego, na co mieli ochotę, skoro przez tyle lat cierpieli z niemieckich rąk.

Około dwunastu godzin po tym, jak przyjechaliśmy do miasteczka, bitwa aliantów i Niemców przesunęła się bardziej na wschód, więc w pobliżu było bezpieczne miejsce dla alianckich czołgów i żołnierzy. Tysiące niemieckich więźniów było teraz pod ich strażą. Powoli stare ciężarówki i wozy wypełnione meblami, ubraniami i zaopatrzeniem zaczęły wjeżdżać do miasta. Niemieccy obywatele, którzy wcześniej uciekli, zaczęli wracać. Wielu ludzi miało ze sobą walizki i małe dzieci. To był smutny widok i w jakimś stopniu im współczułem. Każdy ucierpiał na wojnie. Wysłali na zwiady jednego mężczyznę, żeby zobaczył, czy bezpiecznie było wracać do miasta. Kiedy powiedział im, że zamieszki się skończyły i że alianci kontrolowali sytuację, wrócili, żeby sprawdzić, czy ich domy były ruiną, czy nie.

Wieczorem kazano nam zgłosić się na miejscu, ale zanim to zrobiono, miałem czas, żeby po raz pierwszy wziąć kąpiel. W domach nie było wody, bo rury były zniszczone przez bomby, ale w oddalonym miejscu znalazłem dużą wannę i w wiadrach przyniosłem do niej wodę z pobliskiego strumienia, rozpaliłem pod nią ogień i podgrzałem. Leżałem w wannie, dopóki woda nie zrobiła się zimna. Nigdy nie czerpałem takiej przyjemności z kąpieli. Kiedy zmyłem ze swojego poobijanego ciała brud i plamy, czułem się tak, jakbym zmywał z siebie sześć okropnych lat swojego życia. Mocno szorowałem, jak gdyby pod kilkoma pierwszymi warstwami była nowa skóra, czekająca na odkrycie.

Nagle dookoła nas zebrało się dużo fotografów i korespondentów z różnych krajów. Nie mogli się doczekać, żeby usłyszeć o horrorach, przez które przeszliśmy, żeby opowiedzieć światu o okropnościach, których doświadczyliśmy przez ostatnie lata. Kazano nam się rozebrać, robiono nam zdjęcia i filmowano nas. Nasze wychudzone ciała, każda blizna i rana po brutalnych pobiciach była udokumentowana dla historii. Więźniowie w długich wywiadach opowiadali o swoich przeżyciach.

Zgodziliśmy się na rozmowy i pokazanie światu, co niemieccy naziści zrobili nam i milionom niewinnych ludzi. Wiele razy odwiedzano masowe groby, żeby mieć dowód na morderstwa.

Dziennikarze byli wstrząśnięci i przerażeni tym, jak wielu ludzi ucierpiało z rąk nazistów. Było to dla nich przytłaczające i byli przekonani, że świat nie uwierzy albo nie zaakceptuje tego faktu jako prawdy. Taka była gorzka prawda. Ta zagłada i tortury dotknęły miliony niewinnych mężczyzn, kobiet i dzieci.

Jeden dziennikarz do mnie podszedł i rozmawialiśmy przez kilka godzin. Kiedy skończyłem, pamiętam, że powiedział do mnie:

— Mendel, mógłbyś napisać książkę.

— Tak zrobię, któregoś dnia — odpowiedziałem.

---

Jak wielu innych więźniów razem ze Stanleyem czuliśmy chęć poczęstowania się towarem zostawionym za roztrzaskanymi szybami, ale ojciec nie spuszczał nas z oka i przypominał nam, że nie powinniśmy się wzbogacać na cudzym nieszczęściu.

Zapytałem, czy mogłem zatrzymać buty, a on odpowiedział: „Bóg zrozumie buty".

Mój ojciec był dobrym człowiekiem. Po tym wszystkim, co przeszedł, po tych wszystkich cierpieniach, niezwykły był dla mnie fakt, że mógł się tak czuć. Moje emocje szalały i czasami wściekałem się, że pozbawiono mnie tylu lat.

Na ulicach miasteczka leżały niemieckie marki. Nikt nie wierzył, że te pieniądze będą miały jeszcze jakąś wartość, więc wyrzucano je i wyciągano z kieszeni. Deptano je, zamiatano do ścieków. Podniosłem kilka z nich i włożyłem do swojego worka. Fakt, że miałem przy sobie pieniądze, wydawał mi się miły. Papa ostrzegał nas, żebyśmy nic nie brali, ale nie sądziłem, żebym musiał zmierzyć się z jakimiś konsekwencjami, skoro banknoty nie miały żadnej wartości. O dziwo, z czasem marki odzyskały swoją wartość i kilku ludzi, którzy to przewidzieli, zachowało je na później.

Po jakimś czasie zaczął się exodus więźniów i wszyscy zaczęli wracać do swoich ojczyzn. Niektórzy na nogach, inni różnymi pojazdami. Wszyscy szczęśliwi, wolni, w drodze do rodzin i przyjaciół.

Ale my nie mieliśmy ojczyzny. Nie mieliśmy do czego wracać. Miasteczko stawało się coraz spokojniejsze i powoli wracało do normalnego stanu. Skoro nie wiedzieliśmy, gdzie pójść, spisaliśmy się na łaskę aliantów, którzy stali się naszymi dobrymi przyjaciółmi. Uchodźcy, którzy zostali i potrzebowali pomocy medycznej, zostali zabrani w ciężarówkach do budynku, który kiedyś był niemiecką szkołą. To było na obrzeżach miasta. Tam czekały na nas luksusy: łóżka, czysta pościel, a nawet poszewki i nie jeden, ale dwa koce, jeśli była taka potrzeba. Musiałem się uszczypnąć, żeby zrozumieć, że to działo się naprawdę. Powiedziano nam, że to wszystko było tymczasowe, dopóki nie ulokują nas w obozie dla wysiedleńców.

Jeśli chodzi o mnie, to ja mogłem spędzić resztę życia w tym czystym, przestronnym i wygodnym miejscu.

Byłem wolnym człowiekiem dopiero od dwudziestu czterech godzin, ale już zacząłem mniej bać się Niemców. Byłem tak podekscytowany tym, że znowu mogłem oddychać świeżym powietrzem wolności, że nie zwracałem uwagi na siną i bolącą klatkę piersiową. Ale kiedy wsunąłem się w czystą pościel, nagle poczułem dreszcze. Po chwili zacząłem się pocić, ale tym razem był ze mną Papa i Stanley, którzy mnie pocieszali i zapewniali, że się mną zaopiekują. Rozchorowałem się. Papa myślał, że to może dlatego, że za dużo zjadłem po miesiącach głodowania. Radzono nam nie jeść zbyt dużo, bo nasze żołądki mogły nie strawić wszystkiego naraz. Ból stał się jednak nie do zniesienia i wiedziałem, że działo się coś złego.

Kiedy w końcu zobaczył mnie doktor, zarządził, żeby karetka zawiozła mnie do pobliskiego szpitala. Byłem bardzo wdzięczny Amerykanom za ich dobroć. Po intensywnych badaniach okazało się, że mam poważne zapalenie opłucnej. Mimo otumanienia i gorączki porównywałem jazdę wygodną i czystą karetką z tą w wagonach na węgiel i zwierzęta, którymi kiedyś mnie wożono. Oprócz zapalenia miałem też kilka złamanych żeber. Lekarze zabandażowali mi klatkę piersiową i zaczęli leczenie. Po kilku dniach moja temperatura spadła i czułem się coraz lepiej.

Kiedy zdrowiałem, zorientowałem się, że nie byłem w zwykłym szpitalu. Budynek był kiedyś hotelem, ale dobrze się spisywał. Dobrze się mną opiekowali, a lekarze i pielęgniarki byli mili. Nie wiedziałem, czy to ich dobroć mnie wyleczyła, czy lekarstwa. Brak strachu, wiedza, że Papa i Stanley byli blisko, a przede wszystkim to, że znów traktowano mnie jak człowieka, zdecydowanie pomogły mi w wyzdrowieniu. Musiałem przestrzegać specjalnej diety, żeby nabrać na wadze i odzyskać siły.

Kiedy zdrowiałem, szpital był przepełniony chorymi i rannymi. Bano się, że wybuchnie epidemia tyfusu, więc starano się ochronić nie tylko pacjentów, ale i ludzi w miasteczku. Dookoła budynku postawiono płot z drutu kolczastego, nikt nie mógł wejść do środka ani wyjść. Byliśmy na kwarantannie. Pamiętam, jak raz obudziłem się z głębokiego snu i zauważyłem druty. Moje serce zaczęło szybciej bić, myślałem, że to wszystko mi się przyśniło. Rozejrzałem się dookoła i zauważyłem niedaleko mnie Papę i Stanleya. Odetchnąłem z ulgą i jeszcze raz podziękowałem Bogu za to, że byliśmy w rękach Amerykanów.

Kiedy budziłem się z popołudniowej drzemki, powoli uświadamiałem sobie, że ktoś trzymał mnie za rękę. Moje łóżko stało obok okna, a słońce mocno świeciło, więc na początku nie mogłem otworzyć oczu, ale kiedy przyzwyczaiłem się do światła, zauważyłem mężczyznę ubranego na czarno, z dziwną czapką na głowie, stojącego obok mnie. Rozpoznałem w nim katolickiego księdza, który myślał, że umierałem. Dawał mi ostatnie namaszczenie. Zamknąłem oczy i leżałem w ciszy, słuchając, jak mówił po łacinie. Odmawiał za mnie modlitwę, a w rękach trzymał krzyż. Nie wiedziałem, czy mu przerwać w połowie? Pozwolić, żeby dalej się modlił? Naprawdę umierałem? Próbowałem się nie uśmiechać. Kiedy skończył, przeżegnał się, a ja usiadłem na łóżku, już w ogóle nieśpiący.

— Po jakiemu mówisz? — zapytałem go po niemiecku.

— Po niemiecku — odpowiedział z uśmiechem.

— O, to wspaniale, możemy sobie trochę porozmawiać. Po

pierwsze, muszę panu powiedzieć, że nie umieram. Co więcej, czuję się coraz lepiej. Jak jeszcze trochę odpocznę, to za niedługo będę znowu chodził. Jak się mam do pana zwracać?

— Mów mi „ojcze". Wszyscy tak do mnie mówią, a chyba sam już wiesz, że jestem katolickim księdzem.

— Tak myślałem, ojcze, dziękuję ci za modlitwę. Ale nie zauważyłeś na karcie mojego imienia?

— Nie — odpowiedział — powiedziano mi tylko, że jesteś bardzo chory, a że wszyscy jesteśmy dziećmi bożymi, pomyślałem, że modlitwa ci się przyda, synu.

— Proszę, ojcze, przeczytaj, jak się nazywam, to zrozumiesz, jakie to dla mnie dziwne przeżycie.

Zerknął na kartę i uśmiechnął się jakby nieśmiało.

— Więc jesteś dzieckiem Izraela.

— Tak, ojcze, jestem Żydem — odpowiedziałem.

— Cóż, Mendlu, nie kojarzę żadnego rabina w okolicy, ale popytam.

A potem otworzył Biblię i znalazł ustęp w Starym Testamencie.

Zaskoczył mnie, kiedy zaczął modlić się po hebrajsku.

Moje oczy wypełniły się łzami, kiedy go słuchałem.

— Jak miło z twojej strony, ojcze, że przyszedłeś — powiedziałem. — Potrzebowałem kogoś, z kim mógłbym porozmawiać i Bóg wysłuchał moich próśb.

Zapytał, gdzie się urodziłem, pytał o moją rodzinę i przeżycia z obozu.

— Jeśli powiesz, gdzie mogę znaleźć twojego ojca i brata, pójdę do nich i osobiście dam im znać, jak się czujesz.

Podziękowałem mu. Odwrócił się gotowy do wyjścia, ale przystanął na chwilę. Spojrzał na mnie z szerokim uśmiechem. Zaśmialiśmy się i pomachałem mu na pożegnanie. Ten miły ksiądz przychodził do mojego pokoju codziennie, żeby mnie odwiedzić i porozmawiać przez kilka minut. Za każdym razem, zanim wyszedł, modlił się po hebrajsku.

Pacjent w łóżku obok mnie nie rozumiał naszych rozmów po niemiecku, ale jakoś wyczuł, że w tych odwiedzinach było coś dziwnego. Mówił po rosyjsku, ale rozpoznał hebrajski. W końcu nie wytrzymał i zapytał się, o co chodziło.

— Ten człowiek to rabin czy ksiądz?

Opowiedziałem mu o naszym pierwszym spotkaniu i wytłumaczyłem, że się zaprzyjaźniliśmy. Zaśmiał się i przyznał, że to najlepsza historia, jaką słyszał od dłuższego czasu, i że ją sobie zapamięta.

Nazywał się Kirow i był smutnym przypadkiem. Jak wielu innych, był sam jak palec na świecie, nie miał rodziny ani przyjaciół. Bardzo chciał się z kimś zapoznać, a kiedy nie kaszlał, czasami gadał do mnie, dopóki nie zasnąłem. W obozie zaraził się gruźlicą. Kaszlał i spluwał do małej, metalowej miseczki. Potem wykończony kładł się, a ja martwiłem się o niego, kilkakrotnie myśląc, że już przestał oddychać. Pochodził ze Smoleńska, gdzie któregoś dnia złapano go na ulicy. Nie zrobił nic złego, ale był młody i zdrowy, więc mógł pracować. Wysłano go do jednego z obozów pracy w Niemczech. Od tamtego czasu nie miał żadnych wiadomości od rodziny.

— Wiesz, Mendel, jak tylko stąd wyjdę, wrócę do Rosji, żeby zobaczyć się z rodziną. Modlę się o to, żeby wciąż żyli. Ale nie chcę się tam zadomowić. Nie będę mieszkał pod żadnym komunistycznym reżimem, nie chcę mieć nic wspólnego z dyktaturą. Chcę prawdziwej wolności. Chcę mieszkać w Ameryce.

— Nie mów już więcej, bo znowu zaczniesz kaszleć. Wiesz, żeby pojechać do Ameryki, najpierw musisz wyzdrowieć.

— Wiem, Mendel, wiem. Ale jak wspaniale jest mieć z kim porozmawiać. Już od tak dawna nie mogłem sobie pogadać. Wcześniej zawsze się bałem, że osoba, z którą rozmawiałem, była szpiegiem i na mnie doniesie.

— Wiem, ale lepiej nie mówić o przeszłości. Myśl o przyszłości. Cały świat stoi przed nami otworem, a może i ja pojadę do Ameryki z ojcem i Stanleyem. Sam wiesz, Kirow, jak dobrze nas tu traktują, a to tylko namiastka tego, co na nas czeka w prawdziwej demokracji.

— Nie chcesz wracać do Polski?

— Nie, nie będę tam szczęśliwy, za dużo złych wspomnień. Tak wielu moich przyjaciół i krewnych zostało tam zamordowanych, nigdy tam nie wrócę. Nie, zacznę na nowo w nowym kraju. Zostanę obywatelem Ameryki.

Jednocześnie wykrzyknęliśmy „Boże błogosław Amerykę!". On po rosyjsku, ja po polsku.

Kilka dni później delegacja rosyjskich żołnierzy zabrała biednego Kirowa ze szpitala i wywiozła go do Rosji. Mam nadzieję, że zrealizował swoje marzenie i w końcu pojechał do Ameryki.

Spotkałem też amerykańskiego oficera, który mnie zainspirował. Nazywał się Leon i był żydowskim żołnierzem z Long Island. Chociaż nie mówił po hebrajsku, od razu się zaprzyjaźniliśmy. Dał mi mojego pierwszego amerykańskiego dolara, którego złożyłem na pół i włożyłem do buta obok zdjęcia mojej matki.

Niedługo później odzyskałem zdrowie. Jak wspaniale było znów dobrze się czuć, mieć na kościach trochę tłuszczu, cieszyć się dobrym jedzeniem i w ogóle czuć się jak człowiek. Nie chciałem opuszczać szpitala, ale inni pacjenci czekali na łóżka. Kiedy w końcu przyszedł ten dzień, w którym uznano mnie za zdrowego, zabrano mnie do żydowskiego obozu dla osób przemieszczonych w Stuttgarcie.

Zanim opuściłem szpital, jego pracownicy zaskoczyli mnie zestawem nowych ubrań: podkoszulka i szorty, ale też garnitur, krawat, skarpety, buty i czapka. Nie mogłem się doczekać, aż zobaczę, jak wyglądam. Przypominałem sobie ostatni raz, kiedy zebrałem wystarczająco sił, żeby spojrzeć na siebie w tamtej misce wodnistej zupy. Zapytałem pielęgniarkę, czy znalazłaby dla mnie małe lusterko.

— Chodź ze mną, Mendel, mam dla ciebie coś lepszego — powiedziała i wspomniała coś o ludzkiej próżności. Zabrała mnie do kwatery pielęgniarek, gdzie w dużym lustrze zobaczyłem odbicie kogoś, kto wyglądał trochę znajomo. Byłem zadowolony z nowych ubrań i szczęśliwy, ale pielęgniarka zauważyła, że trochę posmutniałem.

— Co jest, Mendel? Nie jesteś zadowolony?

— Jestem, jestem. — Popatrzyłem na nią, starając się powstrzymać łzy.

— To o co chodzi? — zapytała.

— Nie umiem się rozpoznać. Nie przypominam sobie, żebym tak wyglądał.

— Rozumiem. Dorosłeś — powiedziała delikatnie.

Papa i Stanley czekali na mnie w obozie — kolejne szczęśliwe zjednoczenie. Nie mogli przestać komentować mojego wyglądu. Papa mówił mi, jak przystojnie wyglądałem, a Stanley mu przytakiwał. Tak skupili się na moim wyglądzie, że zapomniałem o swoim wcześniejszym smutku i zacząłem uśmiechać się od ucha do ucha. Pierwsze, co zauważyłem, kiedy przywieźli nas do obozu, to flaga wisząca wysoko nad ziemią. Gwiazda Dawida delikatnie powiewała na wietrze.

— Dziękuję, Boże — wyszeptałem do siebie.

Było tam około trzystu Żydów, wszyscy wyzwoleni z różnych obozów koncentracyjnych i obozów pracy z różnych części Niemiec. Był to szczęśliwy tłum mimo tego wszystkiego, co wycierpieli. Członkowie rodziny, przyjaciele, domy — niczego już nie było, a przyszłość była wielką niewiadomą, ale w końcu byliśmy wolni i mogliśmy się tym cieszyć. Na razie to wystarczało.

Ojciec zawsze był silny i starał się nie narzekać, ale oczywiste było, że był bardzo chory. Musiał iść do szpitala. Gestapowski oficer uderzył go w brzuch i przez to Papa dostał poważnej przepukliny. Bardzo mu to dokuczało, więc lekarze radzili, żeby przeszedł operację. To wszystko zajęło kilka dni, wymagało trochę jedzenia i odpoczynku, ale wkrótce wrócił do obozu, znów czując się normalnie.

Jedzenie w obozie może być opisane tylko jednym słowem: wyborne! Amerykańska organizacja UNRA[1], połączona z JDC, Żydowskim Komitetem Rozdzielczym[2], który potem się nami zajął, codziennie karmiły nas trzema posiłkami. Cudownie było obserwować, jak z każdym dniem wielu chudych, smutnie wyglądających ludzi powoli przybierało na wadze, odzyskiwało siły i jak codziennie coraz mniej przypominało chodzące szkielety i zmieniało się znowu w ludzi. Dzięki dobroci, jedzeniu i pomocy medycznej przywracano ich z powrotem do życia.

Obóz nie był tylko rajem. Był prawdziwym rajem. Niczego nam

nie brakowało, a każdy był dla nas bardzo miły. Zastanawiałem się, czy się nad nami litowali, bo wiedzieli, przez co przeszliśmy i było im przykro. Nie miało to jednak znaczenia. Cieszyłem się z każdej minuty.

Wiele się wtedy mówiło i pisało w gazetach o Izraelu. Wszystko to wydawało się nam ekscytujące, ale jeszcze nie przyznano państwu suwerenności[3], a granice były wciąż zamknięte. Przesiedlenie ludzi musiało być potajemnie zorganizowane przez Haganah.[4] A to oznaczało jeszcze więcej przemocy i niebezpieczeństwa.

Już przez tak wiele przeszliśmy przez ostatnie sześć lat: życie w strachu, ciągłe martwienie się, że nas zabiją... Jeśli to było możliwe, to woleliśmy osiedlić się w Ameryce. Proces imigracji był trochę łatwiejszy dla tych, którzy jechali do Stanów, a pomysł, żeby wydostać się z Niemiec jak najszybciej, wydawał się nam najsensowniejszy. Mówiąc szczerze, od samego początku wiedzieliśmy, że pojedziemy do Ameryki.

Jedyną przeszkodą było to, że nie mieliśmy w Ameryce żadnych krewnych, którzy mogliby za nas poświadczyć. Potrzebowaliśmy kogoś, kto by nas sponsorował, zanim nie stanęlibyśmy na własne nogi. Pamiętam, że w obozie było dużo amerykańskich gazet i godzinami wpatrywałem się w zdjęcia. Nie rozumiałem angielskiego, ale te obrazki robiły na mnie ogromne wrażenie, działały na moją wyobraźnię. Sprawiły, że coraz bardziej chciałem tam pojechać. Pomyślałem, jakie szczęście mieli Amerykanie, że mieszkali w takim wspaniałym kraju.

W naszym obozie dołączyłem do grupy mężczyzn, którzy od czasu do czasu jechali do Stuttgartu, żeby szukać ukrywających się tam członków Gestapo. Jak szczęśliwy i dumny byłem tego dnia, w którym złapaliśmy byłego strażnika obozu w Vaihingen. Udało mi się uczestniczyć w jego procesie i czułem satysfakcję, widząc, jak go aresztowano, sądzono i w końcu ukarano za jego zbrodnie.

Minęło sześć miesięcy, odkąd nas wyzwolono. Któregoś dnia szedłem wzdłuż głównego budynku i zauważyłem na tablicy informacyjnej ogłoszenie, że osoby urodzone przed 31 maja mogły jechać do Ameryki. Nie rozumiałem, że moje urodziny 25 maja się w to wliczają, więc w formularzu napisałem, że urodziłem się 31 maja. Do dzisiaj świętuję w oba dni.

Przez kilka dni czekałem na odpowiedź, a potem zaproszono mnie do głównego biura. Zaproszono mnie, nic mi nie kazano. Kiedy tam przybyłem, poproszono mnie o akt urodzenia, którego oczywiście nie mogłem im dostarczyć. Wszystkie nasze rodzinne dokumenty zostały zniszczone. Mimo to zaczęli mnie badać. Najpierw psycholog sprawdził, jaki miałem iloraz inteligencji, a potem lekarz wykonał kilka badań. Oczywiście, zastanawiałem się, po co to wszystko.

Potem główny oficer obozu podszedł do mnie.

— Mendel, podobałoby ci się jechać do Ameryki?

Przez chwilę nie umiałem nic wykrztusić.

— Niczego innego bym nie chciał!

— No to myślę, że możemy coś załatwić. Cała młodzież z obozu zdrowa psychicznie i fizyczne, poniżej dwudziestego pierwszego roku życia będzie wysłana do Ameryki.

Moje szczęście zmieniło się w strach.

— A co z moim ojcem i bratem, Stanleyem?

— Nie martw się, Mendel, wzięliśmy pod uwagę twoją rodzinę, a że chcemy, by krewni trzymali się razem, wszyscy trzej pojedziecie, kiedy tylko czas pozwoli. Ty i Stanley pojedziecie razem, a wasz ojciec popłynie innym statkiem. Może być?

Czy może być? Moje marzenia się spełniły! Stałem w szoku, nie mogłem się poruszyć. Nie mogłem uwierzyć. A potem w końcu do mnie dotarło to, że jadę do Ameryki! Jedziemy do Ameryki! Chciałem chwycić tego człowieka, uścisnąć i pocałować go, ale zamiast tego chwyciłem go za dłoń ze łzami wdzięczności w oczach.

— Ale muszę ci powiedzieć, Mendel, że trudno mi uwierzyć w to, że wszyscy urodziliście się 31 maja — powiedział.

Byłem przepełniony ekscytacją i radością. Tak bardzo chciałem powiedzieć Papie i Stanleyowi dobre nowiny, że nawet nie pożegnałem się z oficerem, tylko odwróciłem się i wybiegłem z biura, trzaskając za sobą drzwiami.

Papa i Stanley martwili się tym, że zaproszono mnie do biura, i nerwowo czekali, aż wrócę, ale wystarczyło im jedno spojrzenie na moją twarz, żeby wiedzieć, że stało się coś dobrego. Skoro ja uważałem, że stało się coś dobrego, wiedzieli, że to oznacza, że i im przydarzyło się coś dobrego. Moje szczęście było ich szczęściem. Rzuciłem się im w ramiona, objąłem i ucałowałem ich.

Potem nasz ojciec się odezwał.

— Przestań już z tym całowaniem i przytulaniem i powiedz, co się stało w biurze.

— Papo, Stanleyu, mam dla was najlepsze pod słońcem wiadomości!

To mogło oznaczać tylko jedno, skoro dotyczyło nas trzech.

— Czy to znaczy...

— Tak, tak, tak, jedziemy do Ameryki!

Jeszcze raz się uścisnęliśmy, ucałowaliśmy się, skakaliśmy z radości. W końcu skończyły się lata tortur i cierpień i na nowo mieliśmy odnaleźć szczęście.

Tylko o jednym myślałem: o Ameryce! Od razu poszedłem do małej biblioteki w naszym obozie, wypożyczyłem angielski słownik i intensywnie zacząłem uczyć się najczęściej używanych angielskich słów i wyrażeń. Było to trudne i jestem pewien, że moja wymowa była okropna, ale nie przestawałem się uczyć. Musiałem się przygotować na tę wielką przygodę, która na nas czekała. Musieliśmy dobrze sobie poradzić w Ameryce, a rozumienie i posługiwanie się językiem na pewno nam pomoże.

W końcu przyszedł ten dzień, w którym mieliśmy wyjechać do portu w Bremen. Jechaliśmy pociągami w wagonach pierwszej klasy, a kiedy cieszyłem się luksusem wygodnych siedzeń, dobrym jedzeniem i uprzejmością konduktorów, myślami wracałem do moich poprzednich podróży pociągiem, do których mnie zmuszano. Zacisnąłem mocno oczy, jak gdybym mógł w ten sposób usunąć z pamięci brzydkie wspomnienia.

Wszyscy już wyzdrowieliśmy i przybraliśmy na wadze, i w czystych ubraniach, z pięcioma dolarami w kieszeni, wyruszyliśmy na podbój świata. Nie wiedzieliśmy, jak to zrobić, ale wszyscy chcieliśmy mieć na to szansę i wiedzieliśmy, że dzięki ciężkiej pracy i możliwości bycia wolnymi, damy sobie radę.

W drodze do Bremen zaczęliśmy planować. Ojciec miał wrócić do bycia krawcem. Stanley i ja mieliśmy znaleźć jakąkolwiek pracę, zapisać się do szkoły wieczorowej i uczyć się angielskiego. Chcieliśmy znaleźć małe mieszkanko i dzielić się wydatkami. A kiedy zaoszczędzimy wystarczająco pieniędzy, to może w przyszłości otworzymy własny biznes. Wyobrażałem sobie siebie mieszkającego w Ameryce, mającego własny biznes i wychowującego własną rodzinę. Już nigdy nie będę żył w strachu przed śmiercią za bycie Żydem. W Ameryce wszyscy będziemy sobie równi.

Po przyjechaniu do Bremen, 1 czerwca 1946 roku, ulokowano nas w obozie. Zatrzymano nas tam na dwadzieścia cztery godziny, zaszczepiono nas na ospę i tyfus. W powietrzu było czuć zniecierpliwienie, kiedy czekaliśmy, aż statek zawiezie nas do naszego nowego kraju. Przypominam sobie, że ludzie zbierali się w grupki, w których rozmawiali i porównywali swoje przeżycia, ale nie chciałem brać udziału w tych rozmowach. Najbardziej chciałem o wszystkim zapomnieć i skupić się na swoim nowym życiu. Papa czasami mówił do nas: „Nie wierzę, że przeżyliśmy, że jesteśmy razem, że jedziemy do Ameryki".

Kiedy czekaliśmy, spojrzałem na Stanleya i czułem słodkogorzki posmak z powodu naszego wyjazdu. Położył swoją dłoń na mojej i razem wspominaliśmy naszego braciszka Jacoba. Na wieki będzie naszym bratem i któregoś dnia będziemy razem z nim.

Papa wyczuł nasz smutek i próbował nas pocieszyć.

— Słuchajcie, chłopcy. Myślcie o tym, jakie mamy szczęście. Nie tylko przetrwaliśmy, ale jesteśmy zdrowi i w drodze do Ameryki. Teraz może być tylko lepiej.

— Ale co mamy do zaoferowania? — zapytałem.

Papa pomyślał przez chwilę i odpowiedział:

— Nie wiemy zbyt wiele, a moje zdolności krawieckie pewnie nie pasują do dzisiejszych standardów, ale jesteśmy silni, uczciwi i gotowi do pracy. Zaoferujemy naszą uczciwość i będziemy dumni z naszej żydowskiej kultury. Oto co mamy do zaoferowania.

Wiedziałem, że Papa miał rację, ale kiedy go słuchałem, moje myśli zaczęły błądzić wokół mojej macochy, Jacoba, Ewy i Itzrocka. Chciałbym, żeby byli z nami, ale wydawało mi się, że byłem samolubny, bo nie słuchałem ojca z większą uwagą. Chciałem już rozpocząć nowe życie, ale czułem, że nigdy nie zapomnę tych sześciu lat, nieważne, jak bardzo bym się starał. Przyznałem ojcu, że nie mam za złe tym niewinnym ludziom, że mimowolnie zostali zmuszeni do prześladowania naszych ludzi.

Uśmiechnął się, kiedy to usłyszał.

— Jaki jeszcze jesteś młody, Mendel. Kiedyś dorośniesz i okaże się, że będą w twoim życiu takie momenty, że będziesz czuł nienawiść i chęć zemsty, a czasami będziesz wyrozumiały i gotowy wszystkim przebaczyć. W ciągu swojego życia będziesz czuł najróżniejsze emocje, ale nigdy nie znajdziesz odpowiedzi na to, dlaczego to wszystko się nam przytrafiło. Po prostu spróbuj wyciągnąć z tego jakąś lekcję i nie pozwól, żeby rosło w tobie rozgoryczenie. Bo to cię tylko zniszczy. Wczoraj jest w przeszłości i już nigdy go nie odzyskamy, możemy tylko iść naprzód. Zobaczysz, któregoś dnia Niemcy spróbują zadośćuczynić za swój naród. Czy to im się uda? Zobaczymy.

I tak Papa mówił do mnie, kiedy tylko miał okazję.

Przypominam sobie przedstawicielkę UNRA, która przyszła do naszego pokoju i mówiła z pasją.

— Panie Steinberg, mam dobre wiadomości. Popłynie pan tym samym statkiem co synowie. Czy to nie wspaniale? Ile macie bagażu? Trzeba wszystko zabrać na pokład.

Z szerokim uśmiechem ojciec odpowiedział:

— Wszystko, co mamy, mamy na sobie.

— No to statek na pewno nie będzie przeładowany — odpowiedziała.

Kolejną osobą była przedstawicielka Żydowskiego Komitetu Rozdzielczego. Uśmiechnęła się i wręczyła nam po pięciodolarowym banknocie i trochę kuponów do restauracji i innych miejsc wartych odwiedzenia po przybyciu do Nowego Jorku.

— Życzę wam dobrej podróży i szczęśliwego nowego życia. Jeśli jest coś, co mogę dla was zrobić...

— Przepraszam panią bardzo — powiedziałem — ile jeszcze będziemy czekać?

— Już niedługo. Jak wyjrzysz przez okno, to zobaczysz dym z kominów statku. To ten, którym popłyniecie. A teraz dam wam wasze identyfikatory. Nie zgubcie ich. To jakby wasza przepustka do Ameryki. — Przypięła mi mój do klapy marynarki, a moje podekscytowanie rosło, bo wiedziałem, że za niedługo wypłyniemy. Pożegnała nas słowami:

— Rozejrzyjcie się dookoła czy czegoś nie zostawiliście.

Ciekawiło mnie, czy ktoś zauważy, jeśli zostawię swoje wspomnienia. Ale tak nie mogło się stać.

Musieliśmy przejść przez około trzy przecznice do przystani, a w drodze do kei spotkaliśmy kolejną grupę, też idącą do statku. Moje serce waliło jak młotem, a mój oddech był coraz płytszy, kiedy zbliżaliśmy się do pomostu. Oficer odczytywał nazwisko każdego pasażera z identyfikatora i spisywał je. Wiedzieli, że nie umieliśmy mówić po angielsku, ale to nam przyjdzie z czasem. Dużo było do zobaczenia na tym okręcie i ramię w ramię, Papa, Stanley i ja przechadzaliśmy się po statku.

Po wejściu na pokład przypisano nas do kajut, więc poszliśmy je zobaczyć. Jak czyste i kuszące były te koje ze swoimi świeżymi, białymi prześcieradłami i ładnymi kocami! To koce zawsze najpierw rzucały mi się w oczy.

Nagle słyszeliśmy kilka głośnych huków i zrozumieliśmy, że odpływamy. Wybiegliśmy na pokład, żeby w pełni cieszyć się momentem opuszczenia niemieckiej ziemi.

— Cała naprzód!

Duże chmury dymu wzniosły się w powietrze, a statek powolutku odsunął się od kei i po chwili byliśmy na otwartym morzu. Staliśmy w ciszy i patrzyliśmy na siebie, próbując nie wybuchnąć z radości.

Stanley i Papa wciąż się ściskali i razem się śmiali. Chyba nie zauważyli pasażerów, którzy ustawili się przy relingu statku i spluwali w stronę niemieckiego brzegu.

Dni na morzu mijały, a my odpoczywaliśmy, rozmawialiśmy o wspaniałej przyszłości, która była nasza. Przez kilka dni miałem chorobę morską. To była moja pierwsza podróż statkiem. Nie rozumiałem jeszcze amerykańskiej waluty, ale pamiętam, że dałem swój pięciodolarowy banknot stewardowi i poprosiłem go, żeby przyniósł mi tyle pomarańczy, na ile mnie było stać. Jakim były przysmakiem!

Byliśmy na pokładzie przez trzy tygodnie, więc spotkałem wielu ludzi w różnym wieku, Żydów z całej Europy, a któregoś dnia grupę z Amsterdamu. Przypomniałem sobie, co obiecałem Janowi i zapytałem kilku ludzi, czy znali Jana albo Carlę, albo jej rodzinę. Bez skutku.

A potem któregoś popołudnia natrafiłem na młodego mężczyznę coś rzeźbiącego. Zapytałem, co robił, a on odpowiedział, że flet. Powiedziałem mu, że znałem kiedyś chłopca, który grał na skrzypcach i nazywał się Jan. Zapytał, czy ten chłopak był z Amsterdamu. Okazało się, że znał on Jana, Carlę i jej rodzinę. Razem z Janem chodził do szkoły muzycznej. Cieszyłem się, że w końcu mogłem spełnić obietnicę daną przyjacielowi. Szybko spytałem, czy wiedział, gdzie przebywali, a on powiedział mi, że Carla i jej rodzina zginęli w Dachau.

---

Nasz statek przesiedleńców przypłynął do Ameryki 26 czerwca 1946 roku. Kiedy zbliżaliśmy się do portu w Nowym Jorku, przyglądałem się Statui Wolności trzymającej swoją pochodnię — nigdy nie zapomnę tego widoku. Ludzie bez wstydu płakali, a Papa, Stanley i ja też ocieraliśmy łzy. Na pomoście czekał na nas zespół i nie mogłem nie przypomnieć sobie innego razu, kiedy ktoś przywitał mnie muzyką: zespół nagich Cyganek w Auschwitz.

Po cichu modliłem się: *O Boże, pomóż mi zapomnieć o przeszłości, daj mi siłę być dobrym człowiekiem, a przede wszystkim — dobrym amerykańskim obywatelem!*

Kiedy zeszliśmy ze statku, zabrano nas do hotelu, gdzie mieliśmy czekać, aż przydzielą nam pracę. Znowu, dzięki uprzejmości i hojności UNRA oraz JDC, byliśmy nakarmieni i mieliśmy gdzie spać.

Nigdy nie zapomnę dnia, w którym przyjechaliśmy do Stanów Zjednoczonych. Powiedziałem Stanleyowi, że jeśli to sen, to niech mnie nie budzi.

Dobrze zapamiętałem moją pierwszą noc w Nowym Jorku. Młoda kobieta, która była wolontariuszką przy rejestracji, zaprosiła mnie, żebym spędził z nią wieczór. Później okazało się, że była z szanowanej rodziny z Long Island. Zrobiła na mnie ogromne wrażenie. Zabrała mnie do Coney Island[5], które było jak z bajki. Nigdy wcześniej czegoś takiego nie widziałem. Moja „wróżka chrzestna" nalegała, żebyśmy szli z kolejki na kolejkę. Cały czas przynosiła mi słodycze, oranżadę i hot dogi, aż myślałem, że pęknę. Miałem dziewiętnaście lat i wciąż byłem chłopcem. Tamtej nocy zakochałem się w Ameryce, a dziewczyna też była niczego sobie.

Po dwóch tygodniach mieszkania w hotelu na 103rd Street zdecydowałem przejść się na trzydziestą siódmą przecznicę i popytać o jakąś pracę w krawiectwie w dzielnicy z wieloma sklepami odzieżowymi. Nie mówiłem po angielsku, więc trudno mi było znaleźć pracę. Spotkałem jednak żydowskiego właściciela fabryki, który, jak się złożyło, też był z Radomia — zatrudnił mnie na miejscu. Pamiętam dumę, jaką czułem, kiedy otrzymałem swoją pierwszą wypłatę w Ameryce. Osiemnaście dolarów za tydzień pracy. Wydawało mi się, że to była fortuna. Mój pracodawca zabrał mnie na obiad któregoś dnia i wtedy nauczyłem się swoich pierwszych angielskich słów: *apple pie*[6]. Po kilku tygodniach jedzenia ciasta zdecydowałem, że przyszedł czas na to, żebym nauczył się nowych słów: *Swiss cheese*[7]. Możesz sobie wyobrazić przez jak wiele tygodni jadłem tylko ciasto i ser.

W czasie naszego pobytu w Nowym Jorku ojciec nie umiał znaleźć pracy, więc zdecydował się przenieść do Bostonu, gdzie miał okazję otworzyć własny biznes. Był tam krócej niż rok, kiedy spotkał i poślubił Dorothy. Rok później urodziło im się dziecko i w końcu miałem młodszą siostrzyczkę, Mary Sue.

Trochę smutno było się rozstawać, skoro nie mieliśmy okazji długo ze sobą pomieszkać, jak wcześniej planowaliśmy, ale musieliśmy zrobić to, co mogliśmy, żeby się utrzymać. Stanley i ja wciąż mieszkaliśmy razem w małym pokoiku, który wynajęliśmy na Bronksie. Wszystko było w porządku, aż któregoś dnia Stanley został potrącony przez taksówkę. Był mocno poobijany, ale z moją pomocą i wsparciem wyzdrowiał.

Zaczęliśmy cieszyć się życiem. Ze Stanleyem było wszystko w porządku i mógł pracować, razem chodziliśmy do kina, na tańce, poznaliśmy wielu nowych przyjaciół.

Któregoś dnia Stanley przyszedł do mnie i powiedział, że przeprowadza się do Kalifornii. Chciał, żebym z nim jechał, ale wciąż miałem długi, które musiałem spłacić. Najbardziej w świecie chciałem otrzymać obywatelstwo i jakoś odwdzięczyć się temu wspaniałemu państwu.

Po raz pierwszy od obozu miałem nie mieszkać ze Stanleyem, ale trochę pocieszałem się myślą, że będziemy mogli do siebie dzwonić, kiedy tylko chcieliśmy.

Niedługo po tym, jak wyjechał Stanley, znalazłem dla siebie miejsce w pensjonacie i po raz pierwszy sam na siebie zarabiałem. W pracy zaprzyjaźniłem się z dobrymi ludźmi, którzy pomogli mi nauczyć się języka i poznać wartość amerykańskiego pieniądza. Z jakiegoś powodu przyszło mi to z łatwością: różnica między centami, ćwierćdolarówkami i dolarami. Pierwszą wypłatę wydałem na ubrania. To było naprawdę konieczne, bo miałem tylko te, w których przyjechałem do Ameryki.

Każdego dnia coraz bardziej zakochiwałem się w Ameryce i w amerykańskim stylu życia, ale wciąż czułem się przytłoczony potrzebą pokazania swojej wdzięczności. Mogłem pracować, wieczorami chodzić do szkoły, byłem wolny i niczego się nie bałem... Czy mogłem prosić o więcej?

Mój angielski się polepszał i w końcu nie miałem większych trudności ze zrozumieniem innych i porozumiewaniem się. Uczyłem się też czytać po angielsku.

Któregoś dnia zauważyłem plakat zachęcający do wstąpienia do armii. Zrozumiałem, że tylko w ten sposób będę mógł odwdzięczyć się Amerykanom za wszystko, co dla mnie zrobili. Zostałbym prawdziwym obywatelem tylko wtedy, kiedy mógłbym pomóc walczyć za ten wspaniały kraj. Czułem ogromną dumę, kiedy zapisałem się do rezerwy.

Kiedy wybuchła wojna w Korei w 1950 roku, wezwano mnie do wojska. Służyłem w armii przez trzy lata.

Nie było wcześniej żołnierza, który wypełniał swoje obowiązki z większą przyjemnością niż ja. To moje serce pełne wdzięczności uratowało mi życie podczas służenia w amerykańskiej walce o wolność.

Przede wszystkim, na zawsze zapamiętam tych mężczyzn, którzy walczyli o wyzwolenie europejskich Żydów i pomogli umocnić wolność i demokrację Stanów Zjednoczonych Ameryki. Niech Bóg im błogosławi.

---

1. *United Nations Relief and Rehabilitation Administration* (właściwie: UNRRA) — Administracja Narodów Zjednoczonych ds. Pomocy i Odbudowy. Organizacja założona w 1943 roku przez wszystkie państwa członkowskie ONZ (ale zdominowana przez USA) w celu pomocy ludności w krajach zniszczonych przez II wojnę światową.
2. *American Jewish Joint Distribution Committee* (JDC) — Amerykańsko-Żydowski Połączony Komitet Rozdzielczy. Organizacja non-profit założona w 1914 roku pomagająca Żydom.
3. Izrael uzyskał niepodległość spod brytyjskiego mandatu w 1948 roku.
4. Główna paramilitarna organizacja żydowska.
5. Część dzielnicy Brooklyn w Nowym Jorku z parkiem rozrywki i słynnym młynem diabelskim.
6. Ang. Placek z jabłkami.
7. Ang. Ser szwajcarski.

## POSŁOWIE

Papa się na mnie wściekał, że wstąpiłem do armii i bał się, że coś mi się stanie w Korei. Zanim pojechałem na szkolenie do Kalifornii, powiedział mi:

ó To cud, że przez tyle lat przeżyliśmy i nie wiem, ile jeszcze cudów Bóg ma dla ciebie w zanadrzu. Uważaj na siebie, synu, kocham cię.

Po szkoleniu stacjonowałem w Fort Lee w Wirginii, zanim wysłano mnie do Korei. Zdecydowałem się uczestniczyć w obrzędach, które kapelan odprawiał w piątek wieczorem. Stałem z tyłu pokoju, kiedy zauważyłem piękną dziewczynę z ciemnymi, falowanymi włosami. Byłem urzeczony i nie mogłem się doczekać, aż msza się skończy i będę mógł z nią porozmawiać.

Nazywała się Wilhelmina, ale powiedziała mi, że wszyscy nazywają ją Mimi. Ja powiedziałem jej, że nazywam się Mendel, ale wszyscy wołają na mnie Manny. Tamtego wieczora poszliśmy potańczyć i świetnie się bawiliśmy.

Mimi była bardzo młoda, wciąż chodziła do liceum i chciała pójść na studia na Florydę, by uczyć się muzyki, więc wiedziałem, że nic poważnego z tego nie wyjdzie, ale ta piękna dziewczyna skradła mi serce i trudno mi było o niej nie myśleć.

Kilka kolejnych dni spędziliśmy razem, śmiejąc się, zwiedzając, tańcząc i śpiewając. Nie rozmawialiśmy za dużo, bo mój angielski nie był jeszcze zbyt dobry. Dała mi swój adres, obiecałem, że do niej napiszę, a potem musiałem jechać.

Mój ojciec miał rację, że się martwił. Trudno było mi przyzwyczaić się do życia w wojsku w Korei. Sama bariera językowa była czymś, przez co często miałem kłopoty.

Byłem na statku płynącym z Korei do Japonii, kiedy przydzielono mnie do pracy w kuchni, bo nie zrozumiałem rozkazu. Kiedy poszedłem do dużej chłodni, żeby przynieść sałatę, zauważyłem coś dużego, przykrytego szmatami. Kiedy spojrzałem pod materiał, znalazłem martwe ciało. Przez resztę podróży chowałem się w swojej koi. Kiedy mnie znaleźli, na kilka dni wrzucili mnie do celi.

Próbowałem się dopasować, ale wielu rzeczy po prostu nie rozumiałem. Na przykład, dlaczego wyrzucali tak dużo jedzenia?

W Korei natrafiłem na kolonię trędowatych. Byli głodni i pomyślałem, że mogę wziąć trochę jedzenia, które miało być wyrzucone, żeby im je dać. Potem okazało się, że nie wolno było tak robić, chociaż mnie wydawało się to wtedy dobrym pomysłem.

Korea była wspaniałym krajem i z czasem zaznajomiłem się z koreańskimi i amerykańskimi zwyczajami. W końcu przyszedł czas na R&R[1], czyli czas odpoczynku i relaksu. Naprawdę bardzo chciałem pojechać do Japonii, bo słyszałem, że ludzie byli tam bardzo mili dla amerykańskich żołnierzy. Stałem w szeregu, czekając, aż będę mógł wsiąść do samolotu i nas policzą. Trudno było mi nie myśleć o innych szeregach i przeliczeniach, ale tym razem to liczenie uratowało mi życie. Miałem numer 166, a w samolocie było tylko 165 miejsc. Samolot rozbił się po wystartowaniu i wszyscy na pokładzie zginęli.

Przypomniałem sobie słowa ojca i zastanawiałem się, ile cudów mi jeszcze zostało.

Kiedy służyłem w Korei, Stanley poślubił uroczą dziewczynę, Bernice, która urodziła śliczną córeczkę, Marlene, w 1952 roku.

Zwolnili mnie z wojska i wróciłem do Wirginii, mając nadzieję, że odnajdę Mimi. W jednym z listów dała mi swój numer telefonu i wiele razy próbowałem do niej zadzwonić, ale z jakiegoś powodu mi się to nie udawało. W końcu w dniu, w którym przygotowywałem się do wyjazdu do Bostonu i spotkania z Papą, Dorothy i Mary Sue, zadzwoniłem jeszcze raz. Tym razem Mimi odebrała. Dwa tygodnie później pobraliśmy się i po krótkiej wizycie u ojca przeprowadziliśmy się do Kalifornii, żeby być blisko Stanleya.

Zimą 1953 roku nasz ojciec zmarł na zawał na oblodzonych ulicach Bostonu. Stanley i ja przylecieliśmy na jego pogrzeb.

Poza cudem, jakim było poślubienie Mimi, miłości mojego życia, kolejnym było urodzenie się Anity Helaine w 1954 roku. Często zastanawiałem się, czy mogłem mieć dzieci po latach spędzonych w obozach.

Stanley i Bernice mieli też małego synka, Howarda, urodzonego w 1955 roku, a razem z Mimi mieliśmy jeszcze dwójkę dzieci. Bóg zesłał nam Gary'ego w 1956 roku i Julie w 1962 roku. Myślałem o Papie i do dzisiaj przykro mi, że nie dożył momentu, w którym mógł zobaczyć swoje wnuki i prawnuki.

Razem ze Stanleyem przywróciliśmy rodzinę do wcześniejszej świetności. Przed wojną było nas około trzystu, w tym dziewiętnaście ciotek i wujków, dziadków i dziesiątki kuzynów. Po wojnie zostałem tylko ja, Papa, Stanley i jeden kuzyn, Marcel, którego przypadkiem odnaleźliśmy lata później we Francji.

Stanley był moim cudownym bratem przez ponad 70 lat, ale niestety zmarł w maju 2003 roku. Tęsknię za nim bardziej niż umiem wytłumaczyć.

Dzisiaj znowu jesteśmy jedną, wielką, szczęśliwą rodziną. Kiedy znowu zobaczę się z Papą, powiem mu, że mylił się. Bóg miał dla mnie w zapasie wiele cudów, które wciąż się dzieją.

---

1. Ang. Rest and Relaxation.

# ZDJĘCIA

Manny w pasiaku. Zdjęcie zrobione po wyzwoleniu w szpitalu w Mosbach (1945)

Stanley, Chaim i Manny po przybyciu do Ameryki

Manny w armii podczas wojny w Korei. Stanley i Manny w Waszyngtonie

Dorothy i Chaim na swoim ślubie w Bostonie

Stanley, Mary Sue i Manny

Mary Sue i jej synowie, Peter i David

Manny i Mimi

Mimi i Manny tuż po ślubie

Troje dzieci Manny'ego i Mimi: Anita, Gary i Julie

Stanley z żoną, Bernice

Bernice (z lewej), jej córka Marlene (z prawej od końca), jej syn Howard, jego żona Simione oraz ich dzieci (od lewej: Mindy, Adam, Carrie i Madison)

Stanley, Manny, Mimi i Bernice

Rodzina Steinbergów: Manny, Mimi, Gary, Anita i Julie

Janet i Paul

Mimi ze swoimi wnuczętami, Janet i Paulem

W kwietniu 2015 roku Manny Steinberg z rodziną zostali zaproszeni na uroczystość 70. rocznicy wyzwolenia obozu Vaihingen an der Enz

Gary, Anita i jej syn, Paul, razem z Manny'm w Dachau (kwiecień 2015)

Manny i jego syn, Gary Steinberg, na wystawie w Dachau (kwiecień 2015).

Manny i jego syn, Gary Steinberg, na wystawie w Dachau (kwiecień 2015).

Manny spoczywa w Hillside Memorial Park w Los Angeles, niedaleko od grobu jego brata. Jego nagrobek pokazuje, jaką wartość miały dla niego jego wspomnienia.

## OD AUTORA

Mimi... Nie zawsze było łatwo, Ty z jednego, ja z drugiego kraju. Ale za te lata, które mi poświęciłaś — dziękuję Ci. Jesteś moim oddechem, sercem, beshert. Kocham Cię, Manny.

Spisanie tych wspomnień wiele dla mnie znaczyło i wdzięczny jestem za wszystkie opinie, które do tej pory otrzymałem. Przeczytałem każdą recenzję. Mówiąc szczerze, jestem przytłoczony tymi pięknymi komentarzami, jakie widzę. Wzrusza mnie to, że tak wielu czytelników z całego świata poświęciło czas na napisanie recenzji mojej książki.

To wszystko sprawia, że czuję, że ludzie naprawdę wysłuchali mojej historii, za co jestem niezmiernie wdzięczny.

W końcu ktoś mnie wysłuchał.

Będę niezmiernie wdzięczny, jeśli mógłbyś opublikować krótką opinię albo ocenić moją książkę, jeśli czytałeś ją w formie ebooka. Zajmie Ci to tylko sekundę!

Wielkie dzięki, Manny Steinberg

Nota od wydawcy:

Manny Steinberg niestety zmarł 21 grudnia 2015 roku. Jestem pewna, że ucieszyłby się z każdej recenzji, bo w jego oczach były one dowodem na uhonorowanie tego, przez co przeszedł razem z rodziną. Był naprawdę niezwykłym mężczyzną, który miał na mnie ogromny wpływ.